김일성 이전의 북한

1945년 8월 9일 소련군 참전부터 10월 14일 평양 연설까지 이 도서의 국립중앙도서관 출판예정도서목록(CIP)은 서지정보유통지원시스템 홈페이지(http://seoji.nl.go.kr)와 국가자료공동목록시스템(http://www.nl.go.kr/kolisnet)에서 이용하실 수 있습니다. CIP제어번호: CIP2018032524(양장), CIP2018032527(반양장)

붉은 군대의 선전 포스터

미국 국립 지리학회(National Geographic Society)에서 1942년에 출판한
'아시아와 인접지(Asia and Adjacent Areas)'라는 지도의 조선반도 부분.

다케시타 요시하루의 항복을 받는 이반 치스탸코프 상장. 뒤에 서 있는 여자는 박정애다(1945년 8월 26일. 평양 철도 호텔).

게오르기 표도로프

유리 립시츠

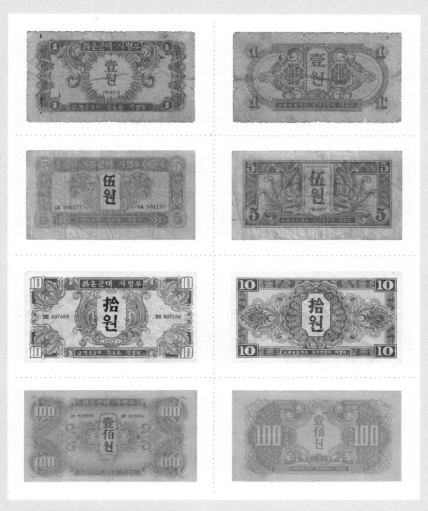

붉은 군대 사령부가 발행한 화폐

88보병여단의 성원들이다. 앞줄 오른쪽에서 두 번째 사람이 김일성 대위이다. 군복을 보면 사진이 1943년 이후에 촬영된 것을 알 수 있다.

1945년 10월 14일. 김일성의 양복에서 붉은 기 훈장을 볼 수 있다. 김일성 옆에 서 있는 장교는 미하일 칸 소령이고, 뒤쪽에 소련군 장군들이 서 있다. 오른쪽에서 왼쪽으로 니콜라이 레베데프, 안드레이 로마넨코, 그리고 이반 치스탸코프이다.

미하일 칸 소령(왼쪽)과 메클레르 중령(오른쪽)은 붉은 기 훈장을
받은 김일성 대위를 축하하고 있다.

10월 14일에 연설하는 김일성

평양에 입성하는 붉은 군대

붉은 군대를 바라보는 북조선 주민

아베 노부유키

구시부치 센이치

엔도 류사쿠

후루카와 가네히데
(황해도 경찰부 부장 시절)

쓰쓰이 타케오

이오시프 스탈린

라브렌티 베리야

안드레이 즈다노프

솔로몬 로좁스키   알렉산드르 바실렙스키

테렌티 시트코프(왼쪽)와 소련 장성들

이오시프 시킨   막심 푸르카예프

이반 유마셰프   발렌틴 페니콥스키

파벨 라구틴   콘스탄틴 칼라시니코프

안드레이 로마넨코(왼쪽에서 2번째)와 이반 치스탸코프(왼쪽에서 3번째)

니콜라이 레베데프

게라심 발라사노프

콘드라티 레페신스키

정상진

김일성 이전의 북한

1945년 8월 9일 소련군 참전부터 10월 14일 평양 연설까지

표도르 째르치즈스키(이휘성) 지음

한울
아카데미

감사의 글

이 책을 쓰는 모든 과정에서 항상 도움을 주신 필자의 아버지 콘스탄틴 쩨르치즈스키(Константин Тертицкий, 郭杰)께 감사드립니다.

책에 관한 귀중한 사료를 주시고 집필 과정에 도움을 주신 안드레이 란코프(Андрей Ланьков) 교수님께 감사드립니다.

책 전체를 보시고 소중한 말씀을 주신 서울대학교 통일평화연구원 원장이신 정근식 교수님께 감사드립니다. 그리고 북한대학원대학교 신종대 교수님과 서울대학교 통일평화연구원 김병로 교수님께 감사드립니다.

책 주제에 관련한 사료들을 주시고 조언의 말씀을 주신 조선대학교 기광서 교수님께 감사드립니다.

한편, 이 책을 쓰는 데 있어서 다양한 생각을 제안해주었고 전체 원고의 교정을 봐준 친구 여현준에게 감사합니다.

책 내용을 꼼꼼하게 보시고 어휘, 문법 그리고 스타일을 고쳐주신 한울출판사 편집자 조수임과 전성준 선생님들께 감사드립니다.

이 책을 쓰면서 여러 차례에 걸쳐 식민지 시대의 현실에 대하여 상담을 해주신 국민대학교 김동명 교수님께 감사드립니다.

또한 나의 친구들 박경혜, 최하영, 김웅학에게 감사하다는 뜻을 전합니다.

차례

일러두기

● '한국'과 '한반도'라는 명칭은 1948~1949년부터 사용되었다. 이 책은 1945년에 관한 연구이므로 당시에 사용되었던 '조선', '조선반도' 등의 명칭을 사용했다. 마찬가지로, 1946년까지 작성된 사료에서 서울시는 주로 '경성'이라고 불렸기 때문에, 이 책에서는 '경성'이라고 표기했다.

● 조선인, 일본인, 중국인 그리고 고려인을 쉽게 구별할 수 있도록 이름을 표기할 때 한자의 한국어 발음 대신 원어 발음을 사용했다(예: 저우바오중). 마찬가지로, 고려인의 이름은 러시아 발음에 따라서 표기했다(예: 베라 초이).

● 일본 신문의 이름을 한국어로 표기할 때, 여러 가지 방식이 존재한다. 한자의 한국어 발음을 한글로 표기하는≪京城日報≫→≪경성일보≫ 경우가 있고, 일본어 발음대로 표기하는≪每日新聞≫→≪마이니치 신문≫ 경우도 있다. 필자는 일본어·조선어 신문의 구별을 위해 두 번째 방식을 사용했다.

● 1945년에 촬영되었던 여러 가지 사진들을 컬러로 전환하여 사용했다. 흑백사진을 컬러로 완벽하게 복원하는 것은 불가능하지만, 이러한 사진들은 독자들에게 당시 38선 이북의 현실을 이해하는 데 도움이 될 것이라고 생각한다. 일부 역사학자는 '실제 사진이 흑백이라면 컬러를 입히는 것은 사실 왜곡'이라고 생각하지만, 필자는 동의하지 않는다. 사진은 현실을 찍어 나온 것인데 우리가 살고 있는 세상은 흑백 세상이 아니다. 따라서 사진에 컬러를 입히는 것은 복구자가 하는 일의 일종으로 보아야 한다고 생각한다.

- 소련 자료에서 조선인 인명 및 조선 지명이 일본어 발음이나 고려인 사투리로 작성된 경우가 매우 많았다. 예컨대, 평양을 '헤이조',[1] 박정애를 '박댄아이'로 쓴 경우가 있다. 러시아어와 한국어의 음운 체계가 다르기 때문에 불가피하게 인명의 경우에 약간의 실수가 있을 수 있다. 연구의 정확성을 위해 인명이나 지명을 한글 원형으로 복원하기 어려운 부분의 경우 러시아어 원문을 병기했다[예: 송익산(Сон Ик Сан)].

- 기존 연구에서는 당시 러시아어 원문 자료가 아니라, 당시의 한국어 또는 영어 문서에 표기된 소련 간부의 이름, 직위 그리고 계급을 기록한 경우가 다수 있다. 예를 들면, 제25군 사령관 치스탸코프(Иван Чистяков) 상장의 성을 '치스치아코프', 계급을 '대장'이라고 표기한 도서가 많다.[2] 필자는 러시아어 자료를 통해 소련인의 이름, 직위나 계급에 관련된 기존 연구들의 오류를 바로 잡았다.

---

1 기존 연구자들 중에 '헤이조'가 '해주'인 줄 아는 사람들이 많다. 전현수가 번역한 『쉬띄꼬프 일기』에 이런 오역이 나온다. 그런데 이것은 '평양(平壤)'의 일본어 발음 'へいじょう'이다.
2 '치스치아코프'라고 성을 잘못 표기한 오류는 Chistiakov를 영어식 발음대로 표기했기 때문에 생겼다고 볼 수 있다. 또한 일본 황군에서 3성 장군을 '대장'이라고 불렀기 때문에 1940년대 한국어 자료에서 3성 장군인 치스탸코프 상장을 '대장'이라고 부른 것은 일반적이었다.

제1장

서론

1. '2개월간의 역사'에 대한 책을 왜 써야 하는가

한국 근·현대사에 관한 논문이나 책은 매우 많지만, 대체로 이것들은 수십 년, 아니면 수백 년 동안의 역사를 다루고 있다. 이 책은 다른 책과 비교했을 때 특별한 점이 있다. 이 책은 2개월, 더 확실하게 말하면 67일이란 짧은 국면 동안의 조선 북반부 역사를 다루었다. 이런 특별한 연구서를 집필한 계기에 대해 설명하고 싶다.

첫 번째 이유는 1945년은 한국 역사상 가장 중요한 해 중의 하나이기 때문이다. 바로 식민지 시기의 종결과 현재까지 유지되고 있는 한반도 분단(사회주의 북반부와 자본주의 남반부로)의 출발점이었다. 모든 사회적 제도나 조직이 설립되는 시점에서 만들어진 특징은 이후에도 특별한 계기가 없다면 그대로 유지되는 경향이 있으므로, 한국의 현대사를 이해하려면 그 출발점인 1945년을 잘 이해해야 한다. 기존 연구에서는 이 시기를 건너뛰고, 1945년 10월 중순부터 서술을 시작하는 경우가 많았다. 이 연구의 목적 중 하나는 이 부분을 보완하는 것이다.

두 번째 이유는 이 시기가 북한 역사상 유일한 시기였기 때문이다. 1945
년 8월부터 10월까지, 이 짧은 기간 동안 북조선은 대체로 조선인의 것이었
다. 1905년까지 북한 지역은 조선·대한제국의 부분으로서 절대 군주제하에
있었다. 1905년부터 1945년 8월까지 실질적 권력자는 일본 천황의 칙령으
로 임명된 통감이나 총독이었다. 1945년 8월 이후에 북한의 권력은 소련 군
정, 그리고 김일성 정권으로 이행되었다. 고대 시대부터 이어져 온 군주, 한
국 통감, 조선 총독, 소련 점령군 사령관 그리고 김씨 일가의 구성원들 모두
하나의 공통점이 있다. 이들은 모두 주민으로부터 임명되거나 어떠한 민주
적 절차를 통해서가 아니라, 고급 간부 사이에서의 권력 투쟁, 외부 세력의
결정, 아니면 세습을 통해 권력자가 되었다. 즉, 한반도 북반부 주민은 고대
시대부터 현재까지 자신의 목소리를 낼 수가 없었다.

그런데, 1945년의 특별한 두 달 동안 상황은 어느 정도 달랐다고 말할
수 있다. 일본 제국의 항복으로 식민지 정권이 무너졌고, 새로운 정권은 아
직 형성되지 못했다. 주민 중에는 소련의 점령 자체가 새로운 독재 정권의
출발점인 것을 이해하지 못해서 밝은 장래를 기대했던 사람들도 많았다.

남조선 경성에서는 9월 9일까지 아베 노부유키(阿部信行) 총독의 정권이
유지되었고, 아베 총독이 항복 문서에 서명한 직후에 존 리드 하지(John Reed
Hodge) 중장이 최고 권력자가 되었다. 그러나 북조선에서는 권력 이양 과정
도 더 복잡했으며, 시간도 더 많이 걸렸다. 특히 8월 하순에는 지식인이나 정
치인들이 어느 정도 독자적인 영향력이 있었다.

세 번째 이유로는 현재의 연구자들은 이 시기의 사료에 더 많이 접근할
수 있기 때문에, 이 주제를 보다 심도 있게 파악할 수 있다는 점을 들 수 있
다. 1940년대 후반기의 북한을 연구한다면 우선 소련 자료를 보아야 한다.
이 자료들은 소련의 정책 결정 과정을 보여주기 때문에, 이 자료들을 통해

서, 북조선에 관한 남·북조선의 당시 신문들과 다른 한국어 자료에서 찾을 수 없었던 사실을 알 수 있다. 소련은 1991년에 해체되어 수많은 소련 자료들의 기밀 해제 과정이 시작되었고, 연구자들이 이 사료에 접근할 수 있게 되었다. 국사편찬위원회에는 이 기밀 자료의 복사본이 많이 보관되어 있어서, 러시아에 방문하지 않아도 수많은 옛 소련 기밀문서에 비교적 쉽게 접근할 수 있다. 현재까지 이 자료들을 이용했던 연구자들이 있었지만, 아쉽게도 전체 자료의 일부분만 사용한 경우가 다수였다. 필자는 소련 기밀문서 중 지금까지 무시되거나 연구되지 않았던 부분을 많이 활용했다.

소련 점령 정권은 군정(軍政)이므로, 이 시기에 관한 거의 모든 사료는 러시아연방 국방부 중앙문서보관소(Центральный архив Министерства обороны Российской Федерации: ЦАМО РФ)에 보관되어 있으며, 일부는 러시아연방 대외정책문서보관소(Архив внешней политики Российской Федерации: АВП РФ), 러시아 국립 사회정치사문서관(Российский государственный архив социально-политической истории: РГАСПИ)에 보관되어 있다.

이 사료들은 현재까지 존재해온 이 시기에 관한 선입견들을 기각하거나 반증하기에 충분하다. 예컨대, 기존 연구들에서는 북조선에서의 정치 운동의 출발점이 10월 중순에 공포된 치스탸코프 상장의 '정당 설립을 허가하는 제령'이라고 보고,[1] 이 제령이 하달되기 전에는 북조선에서 신문도 출판되지 않았고, 정당도 존재하지 않았다고 주장했다. 하지만 실제로는 1945년 8월이나 9월에 이미, 소련 점령 당국으로부터 어느 정도 독립된 정당들과 매체들이 북조선에서 많이 있었다. 치스탸코프의 '제령'은 정치 운동의 출발점이라기보다는 정치 운동의 종말점으로 보아야 한다.

---

[1] 서동만, 『북조선사회주의 체제 성립사: 1945~1961』(서울: 선인, 2005), 61쪽; 김광운, 『북한 정치사 연구 I』(서울: 선인, 2003), 152쪽.

기록원 자료 외에 필자는 러시아 연구자 안드레이 란코프가 한 인터뷰들을 사용했다. 안드레이 란코프는 1980년대 말부터 북한과 관계가 있었던 중요한 인물들과 인터뷰를 했다. 그는 인터뷰를 아직 공개하지 않았지만, 필자에게 제공해주었다. 필자는 란코프 선생님께 다시 감사를 드리고 싶다.

마지막으로, 이 책을 쓴 계기가 하나 더 있다. 현재 북한에서 이 시기의 역사를 매우 심각하게(사실상 거의 전부) 왜곡해서 가르친다. 북한은 김일성이 소규모 빨치산 부대의 부대장이었으며 나중에 소련군 대위가 된 것을 인정하지 않고, 그가 전체 독립운동의 지도자였고, '조선인민혁명군'을 설립해 1945년 8월 초에 '조국 해방을 위한 총공격전'을 일으켜 일본 제국을 쳐부수었다면서 조선의 '해방의 은인'이라고 가르친다. 물론 이 주장은 실제 역사와 아무 관계가 없고, 독재자 김일성에 대한 개인숭배의 일부 중 하나에 불과하다.

언젠가 북한 정권이 무너지거나 북한이 개방되고, 북한을 전 세계로부터 고립시켜온 철의 장막도 무너지게 되면 북한에서 이 책을 볼 수 있는 사람이 생길 것이다. 이 책은 바로 미래의 북한 독자들을 위하여 쓰인 책이기도 하다.

2. 지금까지의 주요 연구들

이 절에서는 이 연구와 비슷한 주제를 다룬 문헌들을 소개하려고 한다. 정상적인 연구 문서라고 볼 수 없지만, 북한 역사 초기를 파악하는 문서를 언급하기 전에 주(駐)남조선 미군의 보고서를 먼저 언급한다. 이 보고서는 오타나 실수가 생각보다 많은 문서이다. 예를 들어 메레츠코프(Кирилл Афанасьевич Мерецков) 원수를 '대장'이라고, 레베데프(Николай Георгиевич

Лебедев) 소장을 '중장'이라고 표기하고, 소련의 대표적인 장성들의 계급도 틀리게 썼다.[2]

와다 하루키(和田春樹)의 「소련의 조선 정책: 1945년 8월~10월」이라는 논문은 이 책과 같이 1945년 8월부터 10월 중순까지의 북한 역사를 살펴보는 연구이다.[3] 와다는 이 논문을 소련 붕괴 이전에 썼기 때문에 소련 기밀 자료에 접근할 수 없었다. 아쉽게도 현재 시점에서 이 논문은 너무 오래된 것으로 볼 수밖에 없다. 1990년 이전에 나온 다른 연구들도 소련 기밀문서를 반영하지 못하는 단점이 있어서 여기에서는 언급하지 않는다.

러시아 기록원의 자료를 사용한 연구자 중에서 먼저 전현수를 들 수 있다. 그는 몇 년 동안 러시아 기록원에서 연구했고 국사편찬위원회의 사료 수집 사업에 기여했다. 전현수의 대표적인 연구는 「소련군의 북한 진주와 대북한 정책」이다.[4] 이 논문은 제2차 세계대전 당시에 연합국의 조선에 관한 결정과 1945년 8월부터 1946년 1월까지 소련 군정의 구성 과정과 정책에 대해 서술했다.

김광운의 『북한 정치사 연구』에서 초기 북한 역사에 관한 부분은 러시아 기록원 자료를 기반으로 한 연구이다.[5] 이 문헌은 초기 북한 역사에 대한 매우 자세한 연구이며 북한 역사를 설명하는 백과사전식 부록을 실었다. 필자는 기존 연구 중에 필자의 연구와 방식이 제일 비슷한 것이 바로 이 문헌

---

[2] United States Army Forces in Korea, Office of the Assistant Chief of Staff, G-2, "Intelligence Summary: Northern Korea. 1 December 1945", in *HQ USAFIK Intelligence Summary: Northern Korea*, vol.1(Seoul: Hallim University, 1989), pp.1~8.

[3] 和田春樹, 「ソ連の朝鮮政策――一九四五年八月-十月(소련의 조선 정책: 1945년 8월~10월)」, 《社会科学研究》(사회과학연구), No.33(4)(1981), pp.91~147.

[4] 전현수, 「소련군의 북한 진주와 대북한정책」, 《한국독립운동사연구》, 제9집(1995.12), 343~377쪽.

[5] 김광운, 『북한 정치사 연구 I』(서울: 선인, 2003).

이라고 본다.

러시아 출신 연구자인 안드레이 란코프의『스탈린에서 김일성까지』라는 영문 연구도 있다.[6] 이 연구의 범위는 이 책보다 훨씬 넓어서 1945년 8월, 9월, 10월에 있었던 일에 대해서는 서술이 많지 않다.

서동만의『북조선사회주의 체제 성립사: 1945~1961』[7]는 북한 현대사에 대한 가장 구체적인 연구 중에 하나이다. 서동만은 한국, 일본, 중국, 소련, 미국의 사료를 사용해 일본 항복 직후의 북한에 대한 부분을 상세하게 서술했다. 그런데, 이 연구는 8월이나 9월 초순과 중순에 대해 언급이 거의 없고, 사실상 9월 하순부터 시작된다.

또 다른 연구는 러시아 연구자 가브릴 코롯코프(Гавриил Коротков)의『스탈린과 김일성』[8]이다. 이 책은 어건주가 번역한 한국어판이 있지만, 필자는 러시아어판을 찾지 못했다.[9] 알 수 없는 이유로 원고가 책으로 출판되지 않았다고 추측할 뿐이다. 코롯코프는 러시아 기록원에서 수집한 수많은 사료를 이용했다. 특히 이 책에서는 소련이 김일성을 지도자로 선택하는 과정에 대한 귀중한 정보가 많이 있다. 다만, 코롯코프의 연구에는 중요한 단점이 있다. 그는 사료를 인용할 때 거의 대부분 출처를 언급하지 않았다. 이 때문에 그의 책에서 나온 정보는 2차 검증을 하기 어려운 부분이 어느 정도 있다.

중요한 연구 중의 하나는 1992년에 러시아를 방문한 중앙일보 기자 팀이 작성한『비록 조선민주주의인민공화국』이다.[10] 이 책에서도 6·25 전쟁

---

6 Andrei Lankov, *From Stalin to Kim Il Song: The Formation of North Korea, 1945~1960* (London: C. Hurst & Co. Publishers, 2002).

7 서동만,『북조선사회주의 체제 성립사: 1945~1961』(서울: 선인, 2005).

8 가브릴 코로트코프,『스탈린과 김일성』, 어건주 옮김(서울: 동아일보사, 1992).

9 필자는 어건주와 대화한 적이 있는데, 책이 출판된 지 20년 이상 지나서 어건주도 현재 원고를 보관하고 있지 않다는 사실을 알게 되었다.

10 중앙일보특별취재반,『秘錄: 조선민주주의인민공화국』(서울: 中央日報社, 1992).

이전의 북한에 관한 소중한 증언과 수많은 사진이 나왔다.

 탈북한 북한 전(前) 당중앙위 후보위원 박병엽의 증언집『조선민주주의 인민공화국의 탄생』[11]도 중요한 사료로 보아야 한다. 이 책에는 기존 연구에 소개된 적 없는 북한 현대사에 관한 기존 연구에 소개된 적 없는 사진과 사실에 대한 증언이 많이 실려 있다.

 경성제국대학을 졸업한 모리타 요시오(森田芳夫, 1910~1992)와 같은 대학교의 청강생이었던 오사다 가나코(長田かな子, 1924~2004)는 당시 조선에 거주했던 일본인 중에 대표적인 인물들의 증언들을 수집해『조선에서 종전의 기록』이라는 책으로 엮어 조선에서의 종전 과정을 정리했다. 이 연구는 4권으로 구성되어 있는데, 제1권은 주로 식민지 시대의 종결, 제2권은 미군 점령하의 남조선, 제3권은 소련군 점령 하의 북조선에 관한 증언이며 제4권(제1~3권보다 먼저 출판된『미·소 군대의 진주와 일본인의 인양』)은 모리타 요시오의 연구 및 분석이다. 또한, 1987년에 학술지 ≪한국사회연구≫에 비슷한 주제로 쓴 모리타 요시오의 한글 논문이 실렸다.[12]

 모리타는 주로 일본어 문서와 구술 자료를 사용해 총독부 정책과 일본인의 생활을 매우 구체적으로 자세하게 서술했다. 그렇지만 이 연구는 1990년 이전에 쓰였으므로, 소련의 기밀 자료에 접근할 수 없었고 소련 당국의 정책에 대한 정보가 부족했다.[13] 그러나 이 연구에는 다른 사료나 연구에 없는 소중한 정보가 많고 광복 직후 조선에 있었던 수많은 일본인 간부와 민간인의 회고록을 담고 있다.

---

11 박병엽 구술, 유영구·정창현 엮음,『조선민주주의인민공화국의 탄생』(서울: 선인, 2010).

12 森田芳夫,「소련군의 북한 진주와 인민위원회의 결성」, 정도영 옮김, ≪한국사회연구≫, 5호(1987), 365~401쪽.

13 森田芳夫,『朝鮮終戰の記錄: 米ソ兩軍の進駐と日本人の引揚』(東京: 巖南堂書店, 1964); 森田芳夫·長田かな子,『朝鮮終戰の記錄: 資料篇』(東京: 巖南堂書店, 1979~80).

1988년에 나온 서대숙의 『북한 지도자 김일성』[14]은 현재까지 나온 책 중에 제일 자세하게 쓰인 김일성 전기라고 볼 수 있다. 이 책도 1990년 이전에 쓰여 소련 기밀 자료에 접근하지 못했지만, 일본어·중국어 자료를 사용해서 1945년 이전 김일성의 만주 항일운동에 대해 서술하고 분석한 것을 특별히 높게 평가할 수 있다.

포포프(И.М. Попов) 등의 러시아 연구자들이 쓴 『전쟁의 불 속의 한반도』[15]라는 한국전쟁 연구에서는 서대숙의 저서에서 기술되지 않은 김일성에 관련된 사실을 찾을 수 있다.

최근에 비슷한 주제로 나온 책 중에 러시아 연구자 유리 바닌(Юрий Ванин)이 쓴 『소련과 북조선 1945~1948』[16]도 있다. 한편으로, 이 연구는 매우 친소련적 경향이고, 저자는 북한 정권 설립을 '민주 개혁'으로 호칭하기까지 한다. 그러나 이 도서는 1차 사료를 기반으로 한 연구이기 때문에, 객관성이 부족하다는 단점에도 불구하고 관심을 가질 만하다.

김국후·박길용의 『김일성 외교비사: 사후에 밝혀진 김일성의 외교전략』[17]은 제목과 달리 북한 외교보다는 사실상 김일성의 등장 과정과 북한 역사 초기를 주된 주제로 다루고 있는데, 이 책에는 귀중한 정보, 특히 귀중한 사진이 많이 실려 있다.

마지막으로, 2009년에 나온 김국후의 『평양의 소련군정』은 매우 자세

---

[14] Dae-Sook Suh, *Kim Il Sung: The North Korean Leader*(New York: Columbia University Press, 1988).

[15] И. М. Попов, С. Я. Лавренов, В. Н. Богданов, *Корея в огне войны: к 55-летию начала войны в Корее 1950~1953 гг.*(전쟁의 불 속의 한반도: 1950~1953년의 한국전쟁 발발 55주년)(Москва: Кучково поле, 2005).

[16] Юрий Ванин, *Советский Союз и Северная Корея. 1945~1948*(소련과 북조선 1945~1948)(Москва: ИВ РАН, 2016).

[17] 김국후·박길용, 『김일성 외교비사: 사후에 밝혀진 金日成 외교전략』(서울: 中央日報社, 1994).

하게 쓰인 연구 도서다.[18] 김국후는 러시아 기록원 자료 및 1940년대 후반 당시 소련 군정 간부 및 초기 북한 간부였던 소련 사람들과의 인터뷰를 통해 이 책을 서술했는데, 초기 북한 역사에 대해서 관심이 있는 독자들에게 이 책을 추천한다.

---

18 김국후, 『평양의 소련군정: 기록과 증언으로 본 북한정권 탄생비화』(파주: 한울, 2008).

제2장

소련의 참전

1. 1930년대 말부터 1940년대 초기의 소일 관계

이 시기에 소비에트 연방과 일본 제국의 관계는 복잡했다. 한편으로 일본 제국 정부는 1936년 나치 독일과 방공 협정(防共協定)을 체결하고, 국내에 있는 공산주의자들을 탄압하기 위해 다양한 반공 법률을 신설했다. 1937년 중일전쟁이 발발한 후, 소련 정부가 실시한 고려인의 강제 이주도 그들 중에 '일본 간첩'이 있을 수도 있다는 구실을 핑계로 실행되었다.

중일전쟁 때 소련은 중립 국가였지만, 1941년까지 중국, 특히 마오쩌둥(毛泽东)의 공산군을 지원했다. 일본 제국의 괴뢰 국가인 만주국이 건국된 이후 만주에서 일본군·만주군과 전투를 한 빨치산 부대들도 소련의 지원을 받았다.

또한, 1936년 소련에서는 『동녘에』라는 제목의 소설이 출간되었는데, 이 책은 소일전쟁이 벌어진 미래를 그리고 있었다. 이 소설은 처음에 ≪즈나먀(Знамя)≫라는 잡지에 연재되었고, 1937년에는 단행본으로 출판되었으며,[1] 1939년까지 계속 증쇄되었다. 당시 소련에서는 검열이 매우 심했기 때문에 당연히 이 소설은 소련의 반일 정책의 표현이라고 볼 수밖에 없다.

소련과 일본 사이에는 군사적 갈등까지 있었다. 만주국 경비대 역할을 수행한 일본 군대는 국경에서 소련 군대와 여러 차례 전투를 했다. 주요 군사적 충돌은 1938년과 1939년에 있었다. 소련에서 이를 각각 '하산호 전투'와 '할힌골 전투'라고 부르며, 일본에서는 '장고봉 사건'과 '노몬한 사건'이라고 부른다. 두 사건 다 소련의 승리로 종결되었다.

이후, 1941년 4월 13일에 일본과 소련의 대표자들이 모스크바에서 만났고, 중립 조약을 체결했다. 조약의 규정에 따라 양측은 상호 불가침을 약속했고 조약 당사국이 제3국의 공격을 받을 경우에 중립을 지키겠다고 약속했는데, 조약의 유효기간은 5년이었다. 만약에 기한 만료 1년 전에 소련이나 일본 제국이 상대방에게 조약의 무효를 통고하지 않으면 조약 기한은 자동적으로 5년 더 연장되었다.

조약의 체결과 동시에, 일본은 몽골에 대해 소련은 만주국에 대해 각각의 영토를 존중하며 불가침하겠다는 선언이 발표되었다.

대일본 제국과 소비에트 사회주의 공화국 연방이 1941년 4월 23일에 체결한 중립 조약에 따라 대일본 제국 정부와 소비에트 사회주의 공화국 연방 정부는 양국 사이에 평화적 또한 우호적 관계를 유지할 목적으로 대일본 제국 정부는 몽골 인민공화국의 영토를 존중하고 불가침을 서약하며, 소비에트 사회주의 공화국 연방은 만주 제국의 영토를 존중하고 불가침을 서약함을 엄숙

---

1   Петр Павленко, *На Востоке: роман*(동녘에: 소설)(Москва: Художественная литература, 1937).

히 선언한다.[2]

소련은 이미 1933년에 만주국 대표자들이 소련에 자국의 영사관을 설립하는 것을 허가했고, 이 영사관들은 계속 운영되었다. 하지만 일본과 몽골, 그리고 소련과 만주국은 서로 대사급 수교를 하지 않은 상태였다.

1941년 6월 22일 독소전쟁이 발발했을 때 일본은 중립 조약을 준수했다. 소련에서도 반일 선전은 거의 없어졌고, 소련 매체와 도서들은 일본 제국에 대한 서술을 아주 중립적으로 했다. 예컨대, 1942년에 나온 『태평양 나라들』이라는 참고서에는, 일본에 대한 비판이 거의 없었고, 저자들은 일본이 추축국들과 함께 전투하는 것에 대해 아쉬움을 표현했을 뿐이다.[3]

그런데, 미국과 영국은 대(對)일 전쟁에 소련의 참전이 없으면 매우 많은 인명 피해가 발생할 것이라고 봤기 때문에, 소련의 참전을 강력하게 요청했다. 소련은 계속 유보적인 태도를 보여왔지만 최종적으로 1945년 2월의 얄타 회담에서 합의가 이루어졌다. 소련은 미·영의 부탁에 따라 독일이 항복할 날로부터 2~3개월 내에 일본에 선전포고하기로 약속했다.[4]

1945년 4월 5일 소련의 외무인민위원 몰로토프(Вячеслав Михайлович Молотов)는 소련 주재 일본 대사 사토 나오타게(佐藤尚武)에게 소련이 중립 조약을 폐기하겠다는 뜻을 전달했다.[5] 이 자리에서 사토 대사는 몰로토프에

2　조약과 선언문은 일본어에서 번역한 문서이다. 러시아어판에는 문장에서 소련이 일본 앞에 나오고, '만주 제국' 대신 '만주국', '대일본 제국' 대신 '일본'이라고 쓴 것 등 사소한 차이점이 있다.

3　"Япония(일본)," *Страны Тихого океана*(태평양 나라들)(Москва: Советская энциклопедия, 1942), pp.23~154.

4　Robin Edmonds, "Yalta and Potsdam: Forty Years Afterwards," *International Affairs*, Vol.62, No.2(Spring 1986), pp.197~216.

5　Кирилл Черевко, *Серп и молот против самурайского меча*(낫과 망치 대 사무라이의 일본도)(Москва: Вече, 2003). 인터넷판 http://www.erlib.com/Кирилл_Черевко/

게 조약은 원래 1946년 4월 13일까지 유효하다고 되어 있으므로, 소련 측이 이것을 여전히 인정하는지 물어보았다. 몰로토프 인민 위원은 그렇다고 보증했다.

포츠담회담(1945.7.17~8.2)에서 소련이 대일(對日) 전쟁에 참가를 결정함으로써, 소련은 중립 조약을 위반하고 일본에 대한 공격을 시작할 것을 결정한 것이다. 역시 일본 측도 몰로토프의 선언 이후 소련의 공격 가능성이 있다고 보고 만주에서 방어전을 위한 준비를 시작했다.

2. 전쟁 준비

독소전쟁 종료 이후 소련은 비밀리에 백만 명 정도 병력을 극동으로 이동시켜,[6] 극동 지역에 있는 군사력을 재편성했다. 8월 5일부터 제1, 2극동전선, 또한 자바이칼 전선(Забайкальский фронт)이 설치되었다. 이들의 공동 사령부는 '극동 지역 소비에트 군대 총사령부(Главное командование советских войск на Дальнем Востоке)'였고, 총사령관으로는 소비에트 연방 원수 알렉산드르 바실렙스키(Александр Михайлович Василевский)가 임명되었다.

조선과 만주 방어를 담당하는 일본 군사 세력은 관동군이었다. 1945년에 조선 방어를 맡은 제17방면군(方面軍)이 관동군 소속에 설치되었고, 조선에는 제17방면군 소속 5개의 사관구(師管區)가 있었다. 바로 경성, 대구, 광주, 평양 그리고 라남[7]사관구였다. 사령부가 함흥부에 있었던 제34군과 사

Серп_и_молот_против_самурайского_меча/19/(검색일: 2017.10.10) 참조.

6 David M. Glantz, "August Storm: The Soviet 1945 Strategic Offensive in Manchuria," *Leavenworth Papers*, No.7(Combat Studies Institute, February 1983).

7 라남(羅南)은 청진시에 위치한 지역이다.

령부가 제주도에 있었던 제58군도 제17방면군 소속이었다.

3. 소련 군대의 작전

1945년 8월 8일 모스크바 시간 17 : 00, 도쿄 시간 23 : 00에 사토 대사는 소련의 선전포고 통보를 받았다.[8]

소비에트 정부는 내일, 즉, 8월 9일부터 소비에트 연방과 일본 사이에 전쟁 상태에 돌입함을 선언한다.[9]

9일에 전쟁이 발발했다. 소련의 계획은 만주, 조선, 사할린 섬 남반부에 위치한 가라후토청(樺太廳) 그리고 지시마 열도(현 쿠릴 열도)를 동시에 공격하고 나중에 홋카이도까지 점령하는 것이었다. 예상보다 거센 적(일본군)의 저항이 있었고, 특히 일본이 예상보다 일찍 항복을 선언해서, 홋카이도 점령 계획은 결국 취소되었다.

소련 군대는 일본 군대보다 확실히 우세했다. 병력은 일본보다 거의 두 배 정도 많았고, 전차 등의 무기도 더 현대적이었다. 소련 군대는 모든 전선

---

8 소련은 일본 제국에 선전포고를 했지만, 만주국에 대해서는 선전포고를 하지 않았다. 단, 소련에 거주한 만주국 외교관들은 억류되어 1946년에 조국으로 귀국했다. "Генеральное консульство Маньчжоу-Го(만주국 총영사관)," *Энциклопедия Забайкалья*(자바이칼 백과사전), http://encycl.chita.ru/encycl/concepts/?id=8649(검색일: 2017.10.10) 참조.

9 "Советское правительство заявляет, что с завтрашнего дня, то есть с 9 августа, Советский Союз будет считать себя в состоянии войны с Японией."[*Заявление советского правительства правительству Японии от 8 августа 1945 г.*(소련 정부가 일본 정부에 1945년 8월 8일에 발표한 선언). http://doc20vek.ru/node/1336(검색일: 2017.10.10)].

붉은 군대의 선전 포스터

에서 대체로 승리했고, 작전목표를 대체로 달성했다. 조선 전역(戰域)에서 붉은 군대는 4개의 상륙작전을 실시했다. 웅기, 어대진(漁大津), 나진 그리고 청진 항구에 상륙했다. 일본 군대의 저항은 비교적 쉽게 진압되었다.

전쟁을 진행하면서 소련 군대는 적군(일본군)에 대해 선전전을 실시했다. 조선에서의 선전전은 주로 차별받았던 조선인의 민족 감정을 자극하는 것이었는데, 소련군은 이것을 아군의 이익을 위해 사용하려고 했다. 소련의 선전은 '왜놈' 밑에서 고생하고 있는 조선 사람들에게 일본군에 맞서 봉기를 일으키라고 선동했다.

당시의 소련 선전물 중에 제일 중요한 것은 극동 지역 소련군 사령관인 알렉산드르 바실렙스키의 선언이었다. 다음은 이 선언의 조선어 원문이다.

조선 사람들이여!

당신들의 화려한 조국은 수십 년 동안 왜놈들에게 무겁은 구두발에 짓밟괴고 잇다. 수백만 조선 인민은 민족적 쏘는 국가적 독립을 일헛다. 조선의 풍부한 지중 산물들과 비옥한 전야를 일본 합자회사들이 소유하엿다. 조선 민중은 굼주림과 거지 생활을 하게 되엿으며 조선에서 나는 백미와 광철, 석탄, 금 - 이모든 것을 줄사록 차하지안는 전쟁의 배쌩이를 채우려고 일본 략탈자들이 제나라로 실어간다. 일본 군벌들은 자유를 애호하는 아세아 인민들까지도 자긔들의 노예로 맨들려고 그들을 반대하야 싣침업시 전쟁한다. 그 쑨인가, 왜놈들은 당신들이 남의 리익을 의하여 즉 일본 자본가들과 지주들의 리익을 위하여 무장을 잡재하며 피를 흘리게 당신들을 강제한다. 당신들은 오래동안 참아왓다. 일본 압박자들을 반대한 투쟁에 일어나려는 조선 애국자들이 흘린 피는 강물처럼 흘럿다. 일본 악물들은 一九一八년에 잇은 「백미소란」과 一九一九년 三一폭동을 포악하게 집압하엿다. 놈들은 어썬조선사람이나 물론하고 자긔조국 자유롭은 애국자의 양양한 정신을 일키 원하지 안는 자들을 죄다 비인간적으로 흑독하게 학살하엿다. 조선쌍에서 노예 생활의 캄캄한 밤이 몇 십 년 동안이나 새지 안엇다. 그리다가 이데애 해방될 시각이 닥처왓다.

쏘베트 군대는 동맹군들과 함께 일본의 고정적 동맹국인 히틀러 독일 군대를 영영 격멸식혓다. 구라파에 잇던 죄악과 억압의 발생지는 지금 청산되엿다. 구라파인민들은 전쟁의 그 무섭은 곤란과 독일 압제로부터 해방되엿다. 그들은 정의와 평화의 새생활을 건설함에 착수하엿다. 지금에 와서는 원동에 잇는, 죄악과 업악의 발생지인 일본이 패망될 차례가 도라왓다. 미, 영, 중국의 군대들이 바다와 공중에서 일본에 주는 타격과 전숭 적 쏘베트 군대의 위력한 타격이 련합된다. 쏘베트 군대가 일본 침략주의를 처부시려 정의의 장검을 빗겨 들엇으니 일본의 운명은 벌서 관정되엿다. 침략주의적 일본은 패망되고야 말 것이다.

조선 사람들이여! 자긔의 압박자들을 반대한 신성한 전쟁에 일어나라. 당신들은 자긔의 열렬한 투쟁으로써 자유롭고도 행복스럽은 생활을 할 자긔의 권리를 도로 차줄 것이다.

자유와 독립의 긔치가 서울에서 휘날리게 될 것이다! 총후에 잇는 조선사람들이여! 모든 힘과 모든 수단을 다하여 일본의 군사 대책들을 과탄식히라. 독립군을 조직하라. 왜놈들을 방방곡곡에서 죽일 수만 잇으면 더 죽이라.

조선 사람들이여! 왜놈들을 반대하여 총쌕리를 돌리며 왜놈 장교들을 죽이라. 쏘베트 군대편으로 넘어오라.

조선 사람들이여! 긔억하라: 우리와 당신들의 공동적 원쑤는 일본이다. 우리는 당신들을 친선 인민으로 보아 방조하겟다.

일본 략할자들에게 멸망을 주라!

원동 쏘베트 군대 총사령관

쏘베트 동맹의 원수

와씰렙쓰끼[10]

위의 문서를 보면, 한편으로 명확하게 민족주의 정신이 보이기도 하며, '일본 자본가들과 지주'에 대항해 싸우라고 하는, 소련식 계급의식도 있다. 또한, 선언 작성자는 조선 역사와 조선어 어휘에 대한 지식이 부족한 것으로 보인다. '백미소란', 즉, 1918년의 쌀값 폭등 반대 운동은 일본 본토의 도야마현(富山縣)에서만 벌어졌고, 조선에서는 이 운동이 없었다. 또한, 러시아어에서는 '군벌'과 '군국주의자'라는 개념을 구별하지 않고, '밀리타리스트(милитарист)'라고 부르는데, 선언 작성자는 일본 군국주의자를 '군벌'로 오

---

10   ЦАМО РФ. Ф. 32, оп. 11318, д. 196. p.253.

역했다. 역시 북한 정권 설립 이후에도 많은 문서가 사실상 러시아어 문서를 번역한 문서들이었다. 이러한 번역 문서에서 이와 같은 어색한 부분들이 많았다.

위 선언에서 제일 재미있는 표현은 '자유와 독립의 긔치(기치)가 서울에서 휘날리게 될 것이다!'이다. 선언은 9일에 작성되었는데, 당시 소련 군대는 전체 조선반도를 점령하려고 했다. 하지만 다음 날인 8월 10일에 한국 역사상 가장 운명적인 결정 중에 하나인, 바로 38선으로 조선을 분단시키는 결정이 나오게 되었다.

4. 38선의 탄생

1945년 8월 10일 금요일, 이날 미군 대령 딘 러스크(Dean Rusk)와 찰스 본스틸(Charles Bonesteel)은 사령부로부터 중요한 임무를 받았다. 러스크와 본스틸은, 소련 군대가 이미 조선반도에 진입했기 때문에 소련이 조선반도 전체를 점령하지 못하도록 이곳을 미국·소련 점령지로 구분하는 계획을 만들라는 명령을 받았다.

문제는 대령들은 시간이 30분밖에 없었으며 조선의 자세한 지도도 없었다는 것이다. 유일하게 접근할 수 있었던 지도는 미국 국립 지리학회(National Geographic Society)가 1942년에 출판한 '아시아와 인접지(Asia and Adjacent Areas)', 바로 이 지도였다.

보다시피, 이 지도에는 38선이 없었고 조선의 행정구역도 표시되지 않았다. 그리고 당시에 조선은 일본의 식민지였기 때문에 조선의 도시들은 일본어 한자 발음에 따라 표시되었다. 즉, 예컨대, 인천은 진센(Jinsen)이며 개성은 가이조(Kaijo)였다. 식민지 시대에 나온 지도에서는 예외 없이 이 특징

미국 국립 지리학회(National Geographic Society)에서 1942년에 출판한 '아시아와 인접지(Asia and Adjacent Areas)'라는 지도의 조선반도 부분이다. 딘 러스크와 찰스 본스틸은 이 지도를 보면서 조선반도를 38선으로 분리하는 계획을 작성했다.

을 볼 수 있다.

러스크 대령과 본스틸 대령은 미국 군대가 오키나와를 점령 중이고 소련은 조선반도 북쪽에서 일본과 전투 중이라는 사실을 알았다. 즉, 소련 군대가 북쪽에서 내려오고 있으며, 미국 군대가 남쪽에서 올라갈 예정이었기 때문에 조선반도 북반부를 소련 점령지, 남반부를 미국 점령지로 정의해야 했다.

분계선을 어떻게 그리면 좋을까? 대령들은 조선의 행정 중심지인 경성(Keijo)이 미국의 점령지에 포함되면 좋겠다고 보았다. 첫 번째 계획은 평양(Heijo)·원산(Gensan)을 연결시켜 분계선을 그리는 것이었다. 그런데, 지도가 그다지 자세하지 않았고 정확한 선을 그리기가 어려웠다. 지도에서 북위

40도와 35도가 표시되어 있어서 대령들은 이들 사이에 있는 북위 38도를 점령지 분계선으로 사용할 것을 결정했다.

다음 날 밤, 사령부는 계획에 관하여 토론했다. 미 해군 소장 마티아스 베넷 가드너(Matthias Bennett Gardner)는 북위 38도를 대신하여 북위 39도를 사용하자고 했다. 그렇게 할 경우 미국은 일본의 랴오닝(遼寧)반도에 위치한 다롄(Dairen)시도 점령할 수 있다는 주장이었다. 하지만 육군 준장 조지 아서 링컨(George Arthur Lincoln)은 그렇게 한다면 소련 점령지가 너무 작아져서, 스탈린(Иосиф Виссарионович Сталин)의 승인을 받을 수 없을 것이라고 지적했다. 미 국무차관보 제임스 클레멘트 던(James Clement Dunn)은 링컨 준장의 입장을 지지했다.[11]

8월 13일에 국무·육군·해군 조정위원회는 조선반도 분계선 계획을 승인했고, 8월 14일에 트루먼(Harry S. Truman) 대통령은 이에 관한 대통령령을 공포했다. 16일에 이 계획이 스탈린에게 전보로 통지되었다. 미국 측의 예상과 달리, 스탈린은 이의 없이 계획을 승인했다.[12] 이렇게 조선과 조선 사람들의 운명은 결정되었다.

붉은 군대가 경성까지 내려왔지만, 점령지 분단 계획에 대해 알게 된 후 결국 38선 이북 지역으로 후퇴했다는 주장이 있다. 1960년대 말에 처음 출판된 메레츠코프 원수의 회고록에서 이런 주장을 볼 수 있다.[13] 그런데 경성

---

11 Judith Munro-Leighton, "The Tokyo Surrender: A Diplomatic Marathon in Washington, August 10~14, 1945," *Pacific Historical Review,* Vol.65, No.3(Aug. 1996), pp.455~473; Mark Barry, "The U.S. and the 1945 Division of Korea," *NK News*(Feb.12, 2012). https://www.nknews.org/2012/02/the-u-s-and-the-1945-division-of-korea/ (검색일: 2017.10.10); 이완범, 『38선 획정의 진실, 1944~1945』(서울: 지식산업사, 2001).

12 Mark Barry, "The U.S. and the 1945 Division of Korea."

13 Кирилл Мерецков, *На службе народу*(인민을 위하여 복무하면서)(Москва: Вече, 2015), p.456.

에 위치한 소련 영사관에서 근무했던 소련 정보원 겸 외교관 아나톨리 샵신(Анатолий Иванович Шабшин)의 배우자인 파냐 샵시나(Фаня Исааковна Шабшина)의 회고록에는 이런 주장이 없으며,[14] 1945년에 나온 '제25군 전투 일지'[15] 등의 사료에서도 이에 대해 아무런 언급이 없다. 또한, 16일 시점에서 붉은 군대는 아직 청진 쪽에서 전투 중이었기 때문에 경성까지 점령할 수 없었다.[16] 이 때문에 이 정보는 근거가 없는 소문이라고 확실하게 결론지을 수 있다.

실제로, 8월 15일 이후 일본 군대가 항복한 이후에, 38선을 일시적으로 방문한 붉은 군대 부대들이 있었고,[17] 아마도 이런 에피소드들이 이 소문의 원천이 되었다고 추측할 수 있다.

5. 일본군의 항복

8월 15일에 히로히토 천황이 항복을 선언했다. 붉은 군대와 전투 중이었던 일본군은 이 소식 이후, 대부분의 군인이 더 이상 싸울 필요가 없으며, 항복할 수밖에 없다고 느꼈다. 군인 중에는 이 중대한 소식을 견디지 못해 자살한 사람들까지 있었다.[18] 일본 당국은 항복에 대한 소식을 전달받았고, 정치범과 경제범들을 감옥에서 석방하기 시작했다.[19] 일본인들, 특히 38선 인

---

14 Фаня Шабшина, *Южная Корея 1945~1946*(1945~1946년의 남조선)(Москва: Наука, 1974).

15 "Журнал боевых действий 25 армии с 9 по 19 августа 1945 г.(제25군 전투일지, 1945년 8월 9일부터 8월 19일까지)," ЦАМО РФ. Ф. 379, оп. 11019, д. 8.

16 같은 글, p.50.

17 森田芳夫, 『소련군의 북한 진주와 인민위원회의 결성』, 383쪽.

18 같은 글, 378쪽.

접 지역에 거주한 일본인들 중에는 붉은 군대에 포로로 잡히는 것보다는 미군의 포로가 되는 것이 낫다고 생각했던 사람들도 있었다. 8월 23일에 강원도 경찰 부장의 지시에 따라, 철원의 일본인 990여 명이 38선을 건너서 남조선으로 도피했다.[20]

스탈린은 일본이 이렇게 빨리 항복할 것을 기대하지도, 예상하지도 못했다. 그 시점에서, 붉은 군대는 전쟁의 목적인 만주, 조선, 가라후토, 지시마 열도 등의 점령을 아직 완수하지 못했는데, 붉은 군대 총참모부는 전쟁을 계속하라는 지시를 내렸다.[21] 이 때문에 소일전쟁은 며칠 동안 지속되었고, 20일이 되어서야 일본의 저항이 사실상 멈추었다.

6. 소결

소일전쟁은 1945년 8월 9월에 발발했고, 8월 15일에 히로히토 천황은 무조건 항복을 선언했다. 아시아 역사에서 이만큼 중요한 일주일을 찾기 어렵다. 소일전쟁은, 북한 정권 설립과 중국 대륙의 공산화의 주요인이었다. 따라서 직접 또는 간접적으로 수십억 명의 운명에 커다란 영향을 미쳤다.

이러한 소련의 전격전(電擊戰)이 승리한 데는 여러 가지 이유가 있었다.

---

19 "Справка о враждебных партиях, существующих в настоящее время в Корее (현재 조선에 존재하는 적대 정당들에 대한 설명서)," Документы, характеризующие политические партии и общественные организации Северной Кореи за 1945 г. (1945년 당시 북조선 정당과 사회단체들을 묘사하는 문서), ЦАМО РФ. Ф. 172, оп. 614630, д. 5. pp.17~18.

20 森田芳夫, 『소련군의 북한 진주와 인민위원회의 결성』, 383쪽.

21 "Раз'яснение Генерального штаба Красной Армии о капитуляции Японии"(붉은 군대 총참모부의 일본의 항복에 대한 설명서), Правда(16 августа 1945 года), p.1.

첫째, 붉은 군대가 독소전쟁에서 쌓은 경험이었다. 소일전쟁에 참전한 장교와 병사의 대부분은 1941년부터 1945년까지 진행되었던 독소전쟁에 참전했으므로, 전술적인 경험이 많았다.

둘째, 붉은 군대의 장비는 일본군보다 훨씬 우월했다. 스탈린은 1930년대부터 군사 공업화를 다른 무엇보다 중요시했다. 또한, 독소전쟁에서 군사력 개발과 생산은 곧 나라의 생명이어서, 1945년 기준으로 소련의 무기는 탱크부터 소총까지 모두 일본군의 장비보다 우월했다.

셋째, 1945년에 일본의 전황(戰況)이 매우 나빴다. 일본의 점령 지역뿐만 아니라, 대만과 일본 본토까지 미국의 공습을 받았다. 사실상 일본의 패배가 불가피한 일로 보였다. 소련군의 공격을 받았던 관동군은 이것을 잘 알았다.

넷째, 히로시마와 나가사키에 원자폭탄이 투하되었다. 일본 주민과 일본 제국 지도부는 신형 무기인 원자폭탄에 큰 공포를 느꼈고, 이것은 항복 결정에 큰 영향을 미쳤다.

따라서, 1945년 8월, 이 한 달 동안 전체 동아시아의 상태가 완전히 바뀌었다. 북조선의 경우에, 지도 세력은 이제 일본의 총독부가 아니라, 소련 군대가 되었다. 이 군대는 완전히 새로운 정권을 창립하기 시작했다.

제3장

소련 점령 정권의 설치

1. 소련 군대의 구조

소련 점령 시기, 북조선을 다스린 세력은 소련 군대였다. 이 시대를 잘
이해하기 위해서는 소련 군대의 구조를 잘 알아야 하는데, 기존 연구에는 오
류가 다수 있다. 필자는 독자를 위해서 소련 군대를 소개하는 간략한 개관을
준비했다.

1945년 당시, 소련 육군에서 제일 큰 규모의 부대는 전시의 경우 전선
(фронт), 평시의 경우 군구(軍區, военный округ)였다. 소일전쟁의 조선 전역
에는 제1·제2극동전선(Первый и Второй Дальневосточные фронты)이 참전
했고, 1945년 9월 3일에 전시 상태가 해제된 이후 9월 10일에 공포된 붉은
군대 최고 사령부의 명령에 따라 9월 30일에 제1극동전선을 연해군구
(Приморский военный округ)로, 제2극동전선을 극동 군구(Дальневосточный
военный округ)로 재편했다.[1]

전선이나 군구의 직속 부대는 군(軍, армия)이다.[2] 조선 점령은 제25군의

임무였다. 제25군은 전시에 제1극동전선 소속이었고, 9월 30일 이후에는 연해군구 소속으로 전출되었다.

육군의 경우에 군 이하 부대는 규모 순으로 군단(корпус), 사단(дивизия), 여단(бригада), 연대(полк), 대대(батальон), 중대(рота), 소대(взвод) 그리고 분대(отделение)가 존재했다. 한편, 일부 부대는 '독립'부대로 정의되어 이들은 더 높은 부대에 직속되었다. 예컨대, 김일성이 1942~1945년에 복무했던 88여단은 독립여단으로써 사단이 아니고 전선 소속이었다.

특히 분대, 소대, 중대와 대대를 '구분대(подразделение)', 독립중대, 독립대대, 그리고 연대를 '부대(часть)', 여단, 사단과 군단을 '연합부대(соединение)', 군, 전선이나 군구를 '대연합부대(объединение)'라고 불렀다.

사회주의 국가의 특색 중의 하나는 정치장교라고 할 수 있다. 1945년 당시 소련에서 정치장교들은 정치부대장(замполит, заместитель командира по политической части)이라고 불렀으며, 이들의 사업은 자기 부대의 군인들에게 정치 교육을 시키는 것과 부대와 점령지 거주 민간인들 사이의 관계를 관리하는 것이다. 현재 북한 군대에서 쓰는 '정치지도원'과 '정치위원'이라는 명칭은 소련 군대에서 1942년까지 사용되었으나, 그 이후로는 사용되지 않는다.

전선, 군구 그리고 군 사령관을 보좌하는 군사위원회(Военный совет)가 존재했다. 군사위원회는 주로 위원장(사령관), 부위원장 그리고 1, 2명의 위원으로 설립되었다. 위원들은 사실상 정치부대장의 역할을 수행했다. 즉, 정치

---

1 "Директива Ставки ВГК № 11128 Главнокомандующему Советскими войсками на Дальнем Востоке на преобразование фронтов в военные округа(전선을 군구로 재편성하는 것에 관하여 최고사령부가 극동 지역의 소비에트 군대 총사령관에게 하달한 명령 제11128호)," ЦАМО РФ. Ф. 148a, оп. 3763, д. 213. pp.171~174.

2 북한 문서에서는 '집단군'이라는 번역도 나온다.

장교의 직무에 종사한 사람들이었다.

연대급 이상의 부대에는 정치부(политический отдел)가 존재했다. 정치부는 주로 군사위원회나 정치부대장의 보좌 기관으로 볼 수 있다. 그리고 정치부 소속에 제7국(Седьмой отдел)이 존재했는데, 제7국의 임무는 심리전 그리고 외국인 민간인들과의 소통 그리고 그들을 대상으로 하는 선전이었다. 점령 지역 통치는 점령 부대 사령관과 그의 보좌 조직인 제7국의 직무였다.

그 당시 소련 육군의 계급은 다음과 같이 나누어진다. 소비에트 연방 대원수(Генералиссимус Советского Союза), 소비에트 연방 원수(Маршал Советского Союза)·상급 병과 원수(Главный маршал рода войск),3 대장 (генерал армии)·병과 원수(маршал рода войск), 상장(генерал-полковник), 중장(генерал-лейтенант), 소장(генерал-майор), 대령(полковник), 중령 (подполковник), 소령(майор), 대위(капитан), 상위(старший лейтенант), 중위(лейтенант), 소위(младший лейтенант), 사관장(старшина), 상사(старший сержант), 중사(сержант), 하사(младший сержант), 상등병(ефрейтор), 전사 (рядовой)였다. 대원수는 스탈린 1명뿐이었다. 조선에서 복무한 장교들은 모두 상장 이하였다. 조선에 원수나 대장이 단 1명도 파견되지 않았다는 사실은 소련 당국이 조선을 비교적 중요하지 않은 지역으로 간주했다는 증거로 볼 수 있다.

훌륭하게 전투를 치른 부대들은 '근위(гвардейский)'라는 명예 칭호를 받을 수 있었고, 이러한 부대 구성원들의 군사 계급 앞에는 '근위' 칭호가 붙었다[예: 근위 상장(гвардии генерал-полковник)].

---

3   포병, 통신병, 공군, 기갑병, 공병은 상급 원수와 원수 계급이 존재했다.

2. 행정 수도의 선택과 정권 이양

제25군 사령관 치스탸코프 상장은 24일 소련 군대가 점령한 함흥시를
방문하여, 일본 제34군 사령관 구시부치 센이치(櫛淵鎭一) 중장과 참모장 가
와메 타로(川目太郞) 소장에게 일본 군대의 항복 절차를 지시했다.[4] 현지에
있는 재산을 전리품으로 접수하라고 했는데, 일본 질소비료 회사 흥남본부
장 오이시 다케오(大石武夫)가 민간인의 재산도 접수해야 하는지 물어보았
다. 치스탸코프 상장은 잠시 생각한 후, 그렇다고 하면서 다만 나중에 강화
회의 결과에 따라 되돌려줄 수 있다고 했다.[5] 물론 결국 일본과 소련 사이에
평화조약이 아예 체결되지 않아서, 일본 질소비료 회사는 자기 재산을 돌려
받지 못했을 가능성이 거의 100%로 보였다.

다음에 결정해야 할 중요한 문제는 바로 행정 수도 문제였다. 식민지 조
선의 행정 수도인 경성은 38선 이남에 위치해 있어서, 소련 당국은 북조선
의 도시 중에 하나를 새로운 행정 수도로 선택해야 했다. 최종 결정을 내린
사람은 치스탸코프 상장이었다. 다음은 그의 공식 회고록의 인용이다.

8월 25일에 메레츠코프 원수는 나에게 9월 1일까지 군 참모부를 함흥시나
평양시에 재배치하여야 한다고 알려주었다. 나는 원수께 참모부를 평양에 배
치하는 것에 대해 허가를 요청드렸다. 그는 나의 요청을 승인하셨다.[6]

---

4   *Во имя дружбы с народом Кореи*(조선 인민과의 친선을 위하여)(Москва: Наука,
     1965), p.26.

5   森田芳夫, 『소련군의 북한 진주와 인민위원회의 결성』, 365~401쪽.

6   Иван Чистяков, *Служим Отчизне*(조국을 위하여 복무하고 있습니다)(Москва:
     Воениздат, 1985). http://militera.lib.ru/memo/russian/chistyakov_im/19.html(검색일:
     2017.10.10).

바로 이 결정이, 평양이 북한의 수도가 된 주된 이유이며, 간접적으로 '혁명의 수도 평양' 그리고 '대동강 문화' 등의 북한 선전 구호의 원천이 되었다고 할 수 있다.

25일 기준으로, 치스탸코프 상장은 전에 함흥에 방문해본 적이 있지만, 평양에 방문해본 적은 없었다. 아마 치스탸코프가 평양과 함흥의 지리적인 위치뿐만 아니라, 그가 함흥에서 받았던 인상이 이 결정에 영향을 미친 것 같다. 확실하게 알 수 없지만, 이 인상이 부정적인 편이었을 가능성이 높다고 생각된다.

25일에 소련 제25군 작전참모부 부부장 라닌(Виталий Митрофанович Ланин) 중령은 평양에 도착하여 평양사관구(平壤師管區) 사령관 다케시타 요시하루(竹下義晴) 중장에게 항복 절차에 관한 지시를 전달했다. 라닌 중령은 평양에 대한 자신의 첫인상을 이렇게 보고했다:

> 도시를 잠깐 봤습니다. 옌지(延吉)보다 훨씬 나은 곳입니다. 노면 전차도 운영하고 있습니다. 도시는 유럽 도시와 더 유사합니다.
>
> 분위기는 평화스럽습니다. 주민들은 아직 약탈을 하지 않습니다. 약탈을 방지하기 위해 최선을 다하겠습니다.[7]

당시 평양에 거주했던 ≪아사히신문≫ 기자 무라 쓰네오(村常男)는 도시가 평화스럽게 보였고, 붉은 기를 손에 들고 애국가를 부르는 조선인들을 보았다고 했다.[8]

---

7 "Журнал боевых действий 25 армии с 9 по 19 августа 1945 г. Приложение к журналу боевых действий(제25군 전투일지, 1945년 8월 9일부터 8월 19일까지. 전투일지 첨부)," ЦАМО РФ. Ф. 379, оп. 11019, д. 9. pp.35~37.

8 森田芳夫, 『朝鮮終戰の記録』, 제3권(東京: 巖南堂書店, 1964), p.49.

다케시타 요시하루의 항복을 받는 이반 치스타코프 상장. 뒤에 서 있는 여자는 박정애다 (1945년 8월 26일. 평양 철도 호텔).

평양에 도착한 소련 당국자는 평양에서 '베라 초이'라는 소련 출신 고려인 여성을 만났다. 그녀는 '박정애'라는 이름으로 더 잘 알려져 있다.[9] 9월 13일에 보리스 사포즈니코프(Борис Григорьевич Сапожников) 소장은 그녀에 대해 이렇게 보고했다.

평양시에서 가장 잘 알려진 공산주의자 중에 베라 초이(Вера Цой),[10] 그녀의 남편 김 씨 그리고 조선인 양 씨가 있습니다. 초이 씨는 러시아어를 유창하게 구사합니다. 그녀는 소련 크라스키노에서 태어났습니다. 1929년에 보로실

---

9   박정애는 나중에 북한에서 민주녀성동맹의 위원장으로서 고급 간부가 되었고, 1950년대 중반에 김일성의 지시에 따라 소련 대사관과의 접촉도 맡았다. 그러나 나중에 그녀는 숙청되었고, 현재 북한 공식 도서에서는 그녀에 대한 아무 언급이 없다.
10 "초이"는 최씨의 고려인 사투리 발음인데, 러시아어 공식 이름은 이렇게 쓰고 있어 필자는 여기에 "초이"라고 표기했다.

로프시의 교육 전문학교를 졸업했으며, 1932년까지 모스크바 비행기 공장에서 일했고, 공산대학에서 공부했으며 그녀의 말에 따르면 1932년에 국제 적색 노동조합(Профинтерн) 소속으로 조선에 출장하게 되었습니다. 최근 몇 년 동안 초이 씨는 감옥에 있었습니다.

그녀의 남편 김 씨도 소련 출신이고, 소련에서 공산대학을 졸업했습니다.[11]

치스탸코프 상장은 8월 26일에 다케시타 중장과 평양 철도 호텔에서 회동했고, 그 자리에서 공식적으로 항복을 받았다.[12] 이렇게 북조선에서 식민지 시대가 종결되었고, 소련 점령 시대가 개막되었다.[13]

3. 1945년 8월 광복 직후의 북조선 사회

소련 군대가 왔을 때 북조선에서 정권은 통치력을 상실한 상황이었다. 일상적인 경제·사회생활이 멈추었고, 공업 시설의 대부분은 파괴되거나 생산이 멈춘 상태였다. 이 시기의 대표적인 사례는 흥남에서 공장을 장악하고, '노동자들을 반대하는 놈들을 때리겠다'고 협박한 '노동자 부대'이다.[14]

소련군은 당시 조선 사회를 여러 가지의 사회집단으로 분류했다. 일본 제국 패망, 조선의 독립과 소련 군대의 개입 등 중대한 사건에 관한 각 사회

---

11 Борис Сапожников, "Положение в Корее: Информационная сводка(조선의 상태: 통보 보고)," 13 сентября 1945 года, ЦАМО РФ. Ф. 32, оп. 11306, д. 692. p.3.

12 8·15 해방일주년기념중앙준비위원회, 『8·15 해방일주년기념. 북조선민주주의 건설 사진첩』, 4쪽.

13 같은 글.

14 "Промышленность Северной Кореи(북조선 공업)," ЦАМО РФ. Ф. УСГАСК, оп. 433847, д. 1. pp.120~126.

집단별 반응을 살펴보자.

첫 번째 사회집단은 일본의 군인들이다. 출신지나 호적에 관계없이 내지인이든 외지인이든 북조선에 배치된 일본 제국 군인들은 소련의 포로가 되었다. 조선인에게 일본 황군은 다른 조직보다 출세가 어렵지 않아서 자발적으로 입대한 사람들이 많았고 1944년부터 조선인들도 징병 대상이 되었기 때문에, 소련 장교들은 포로 중에 조선인이 '상당히 많다'는 것을 발견했다.[15] 조선인 군인들은 이송 집결소에서 일본인과 분리되었다.

포로들은 시베리아에 위치한 포로수용소로 이송되었다. 몇 년 후 살아남은 사람들은 석방되었다. 일본인들은 일본으로 귀국하게 되었다.[16] 조선인들은 북한으로 귀국하거나 또는 소련에 남아 계속 사는 두 가지 선택지가 있었다.[17] 물론, 이들에게 남한에 귀국하는 것은 절대 허용되지 않았다.

두 번째 사회집단은 일본인 민간인들이었다. 식민지 시대에 '일본인'이라는 개념은 전체 제국 신민을 아우르는 개념이었는데, 호적에 '내지인'으로 등록되었던 사람들은 광복 직후부터 '일본인'이라고 부르게 되었다. 1944년 당시에 조선에 거주한 일본인들은 약 70만 명 정도였는데, 이들 중에 3분의 1정도가 38선 이북 지역에 거주했다.[18] 총독부 간부, 학교 교사, 의사, 기사(技士)를 비롯한 엘리트 계층 구성원들도 있었고, 일반 노동자나 소

---

15 Борис Сапожников, "Положение в Корее: Информационная сводка(조선의 상태: 통보 보고)."

16 Сергей Петрович Ким, "Репатриация японских военнопленных из СССР в 1946-1950 гг.(소련의 일본인 포로 송환, 1946~1950년)," *Военно-исторический журнал*, No.3(2015), pp.69~75.

17 "Запись беседы с советником Посольства КНДР в Москве Ян Ен Суном 4 февраля 1954 года(조선민주주의인민공화국 참사관 양영순과 한 대화)," Из дневника Петухова В. И.(발렌틴 페투호프 일기 기록), 6 февраля 1954 г.

18 통계는 1944년 5월 기준이다. 朝鮮總督府, 『(1944年 5月) 人口調査結果報告』(서울: 선인, 2000), 3쪽.

기업 경영자들도 많았다. 식민지 조선에서 비교적 높은 위신과 특권을 보유했던 이 사람들은 갑자기 차별의 대상자로 전락하게 되었다. 일본 제국이 항복한 이후, 이들은 조선 민족주의자들에게 폭행을 당한 경우도 있었고, 이들이 다니는 신사(神社)들은 방화로 불타고 파괴되었으며 이 사람들이 식민지 시대에 어떤 활동을 했든지 관계없이 재산은 모두 몰수되었다. 1945년 8~10월 당시에 북조선에 거주하는 일본인들의 삶의 최대 목표는 살아남는 것이었고 기회를 잡아 일본 본토로 귀국하는 것뿐이었다.[19]

물론 이것은 쉬운 일이 아니었다. 예컨대, 종전 직후인 8월 25일에 라남 사관구의 요청에 따라 일본 제34군 사령부는 일본인 민간인을 구조할 목적으로 식량, 담요, 옷 등을 실은 트럭 50대를 보냈지만, 붉은 군대는 이에 대한 연락을 받지 못했고 트럭들은 붉은 군대에, 짐은 조선인에게 몰수되어 버렸다.[20] 이러한 사건들은 이 시기의 무섭고 혼란스러운 분위기를 느낄 수 있게 해준다.

패전 직후, 식민지 지배자의 지위에서 하루아침에 피점령, 피지배자가 된 일반 일본인들에 대한 연구가 많지 않다.[21] 이것은 정말로 '잊힌 비극'이라고 할 수 있다.

만주국에서 온 난민들도 있었다. 1945년 8월에 일본 제국뿐만 아니라, 제국의 괴뢰 정권들도 붕괴되었다. 이들 중 하나는 만주국이었는데, 소련 군대가 진군하자 만주국의 많은 주민들은 조선으로 탈출했다. 소련 군대의 보고에 따르면 만주국에서 조선인들의 지위는 중국인보다 더 높았고, 공급·채

---

19 Фёдоров, Лившиц, "Докладная записка(보고 요지)," ЦАМО РФ. Разные материалы, поступившие из Гражданской администрации Северной Кореи(주 북조선 민간관리부에서 받았던 여러 가지 문서), Ф. 172, оп. 614631, д. 37. pp.14~32.

20 森田芳夫,『소련군의 북한 진주와 인민위원회의 결성』, 374쪽.

21 광복 직후 조선 일본인에 대해서는 이연식,『조선을 떠나며』(서울: 역사비평사, 2012) 참조.

용 시 조선인들에게 우선권이 있었다. 이 때문에 중국인과 조선인 사이에 갈등이 있었고 관계가 좋지 않았다.[22]

1945년 8월 당시 조선에서 난민들은 숙소, 일자리도 없었고 보호를 받지 못했다. 난민들은 당시 조선에서 제일 약하고 보호받지 못한 사회집단으로 볼 수 있다.

소련 당국은 조선 사람 중에 특히 식민지 기관의 간부, 반일 민족주의자 그리고 공산주의자들에게 관심이 많았다. 각각의 집단을 살펴보자.

식민지인에게 사회적인 성공은 특히 어려운 것이다. 법률상 2등 시민으로 태어나고, 자신의 모국어가 국어로 인정도 받지 못하는 상황에서 출세는 당연히 쉽지 않다. 1940년대 일본 제국과 같은 군사 독재 국가의 경우에는 더욱 더 그러하다. 그런데, 식민지 조선에서도 출세한 사람들이 있었다. 경성제국대학이나 일본 본토에서 교육을 받고, 식민지인임에도 조선의 국가기관이나 교육기관에 일자리를 얻었던 이들은 조선의 사회적 엘리트가 되었다.

소련 당국 그리고 조선 민족주의자와 공산주의자들은 이들을 매우 부정적으로 보았다. 그들은 식민지 조선의 엘리트들이 거의 모두 '친일 매국 반민족 행위자'이며 당연히 처벌을 받아야 한다고 보았다. 이 때문에 이들은 장래가 불확실하다고 느꼈다. 부자들은 자기 재산이 몰수당하지 않을까 걱정했고, 상인들은 개인 상거래가 금지되지 않을까 걱정했다.[23]

소련 당국이 접촉한 사회집단 중에는 조선 민족주의자들도 있었다. 광

---

[22] Борис Сапожников, "Положение в Корее: Информационная сводка(조선의 상태: 통보 보고)."

[23] Краскевич, Товарищу Шикину(시킨 동지께), "Политико-экономическое положение в зоне размещения советских войск в Корее(조선에 있는 소련 점령지의 정치적·경제적 상태)," 22 сентября 1945 года, ЦАМО РФ. Ф. 32, оп. 11306, д. 692.

복의 날은 조선 민족주의자들이 가장 기대했던 날이었다. 드디어 일본의 정권이 무너졌고, 마침내 조선 민족은 자신의 방식에 따른 독립 정권을 설립할 수 있게 된 것이다.

소련식 공산주의 사상과 민족주의와의 관계는 복잡한 것이었다. 한편으로, 소련의 공식 구호 '만국의 노동자여, 단결하라!'는 민족의식을 부인한다. 따라서 '소비에트 사회주의 공화국 연방'이라는 국명에도 '러시아'라는 단어가 나오지 않게 되었다. 그런데, 시간이 흐르면서, 소련의 민족주의에 대한 태도는 바뀌었다. 독소전쟁 때 스탈린은 소련 인민의 사기(士氣)를 높이기 위해 러시아 민족주의를 사용했고 식민지들의 독립 운동을 '민족 해방 운동'이라고 부르면서 지지했다.

이 때문에 북조선에서 조선 민족주의자의 상황은 확실하지 않았다. 한편, 소련 당국은 이들을 '민족 해방 운동가'로 생각하며 동맹자라고 보았다. 다른 한편으로, 민족주의자들보다 소련 당국에 더 가까운 세력인 공산주의자들이 존재했고, 소련 당국은 북조선 민족주의자들이 남조선에 설립되고 있는 친미 정권과 연결되어 있다는 의심을 가지고 있었다. 그래서 소련 당국은 민족주의자를 지지해야 하는지 탄압해야 하는지 아직 결정하지 못했다.

민족주의는 역시 증오의 대상이 필요하다. 1945년 조선에서 이 증오의 대상은 일본인이었다. 일본인에 대한 폭력 및 강도 사건도 있었다.24

민족주의자와 공산주의자의 갈등은 공개적인 적대 행위로 확대되었다. 평양에서는 공산주의자들을 암살하자고 주장하는 삐라가 뿌려졌

---

24 10월 19일, 민족주의자들의 인민위원회는 일본인들이 조선 옷을 입는 것을 금지하고 옷에 특별 마크를 붙이라는 조치를 결정했다. 이것은 나치 독일의 유대인에 대한 태도와 비슷하다. 소련 당국은 이 조치에 대해 불만을 표시했고, 이 조치는 취소되었다. Игнатьев, "Докладная записка(보고 요지)," ЦАМО РФ. Ф. УСГАСК, оп. 433847, д. 1. pp.103~106 참조.

다.[25] 9월 3일에 민족주의자들은 현준혁을[26] 암살했다.[27] 나이 많은 현준혁은 당시 소련 경무관이 실시하고 있는 민족주의자 '비무장화 조치'에 협력하고 있었다.[28]

또한, 9월 중순에는 해주 공산당 위원회 공격 사건이 있었다. 소련 자료에 따르면, 무장 집단은 공산당 위원회 사무실을 포위하고 총을 난사해 공산당 부위원장, 도(道) 콤소몰[29] 위원장, 위원회 경제국 부국장 등 전체 3~5명이 암살당했고 여러 명이 부상당했다. 소련 문서에서는 이 사건의 날짜에 대해 모순된 증언이 동시에 있다. 즉, 13일,[30] 15일[31] 그리고 16일[32]에 이 사건이

25 Борис Сапожников, "Положение в Корее: Информационная сводка(조선의 상태: 통보 보고)."

26 박병엽 구술, 유영구·정창현 엮음, 『조선민주주의인민공화국의 탄생』(서울: 선인, 2010), pp.100~105.

27 "Справка о враждебных партиях существующих в настоящее время в Корее(현재 조선에 존재하는 적대 정당들에 대한 설명서)," Документы, характеризующие политические партии и общественные организации Северной Кореи за 1945 г.(1945년 당시 북조선 정당과 사회단체들을 묘사하는 문서), ЦАМО РФ. Ф. 172, оп. 614630, д. 5. pp.17~18.

28 Борис Сапожников, "Положение в Корее: Информационная сводка(조선의 상태: 통보 보고)."

29 콤소몰(комсомол)은 소련의 국가 청년 조직인 '전 연방 레닌적 공산주의 청년 동맹'의 약칭이다. 이 문서에서는 공산당 소속 청년 단체라는 뜻이다.

30 Краскевич, "Товарищу Шикину(시킨 동지께)," Политико-экономическое положение в зоне размещения советских войск в Корее(조선에 있는 소련 점령지의 정치적·경제적 상태).

31 "Справка о враждебных партиях, существующих в настоящее время в Корее(현재 조선에 존재하는 적대 정당들에 대한 설명서)," Документы, характеризующие политические партии и общественные организации Северной Кореи за 1945 г.(1945년 당시 북조선 정당과 사회단체들을 묘사하는 문서), pp.17~18.

32 "Информбюллетень (спецвыпуск) К политическому положению в Северной Корее (북조선 정치 상황에 관한 특별 공지)," 22 сентября 1945, ЦАМО РФ. Ф. УСГАСК, оп. 433847, д. 1. pp.45~52.

발생했다는 보고가 있었다. 암살자의 신분은 처음에 '친일 조선인'이라고 보고되었는데[33] 나중에는 '민족주의자의 테러'로[34] 보고되었다. 이 문서를 제외하면 당시에 친일 조선인들의 정치 행위, 테러에 대한 보고가 아예 없어서, 필자는 이 사건이 민족주의자의 테러였을 가능성이 더 높다고 본다.

게다가, 소련 자료에서는 테러 행위가 실제로 존재했는지에 대한 의심스러운 보고도 찾을 수 있다. '공장 폭탄' 사건, '평양 수도관에 독물을 넣으려는 시도', 10월 8일에 어느 경무관이 발견한 '무기 저장' 사건, '수용소에 있던 수많은 헌병 출신 수용자들이 파괴 또는 암해(暗害) 행동을 목적으로 수용소에서 나갔다(Большое количество лиц, служащих жандармерии и находившихся в лагерях ушло из него в целях проведения подрывной работы)'는 등의 주장이다.[35] 필자가 이러한 주장들이 신빙성이 없다고 생각하는 이유는 이 주장들의 스타일이 스탈린의 대숙청 때 사용되었던 기소장과 매우 유사한 것이기 때문이다. 1930년대 말 소련에서 수십만 명의 주민들은 '파괴', '테러', '암해' 등으로 기소되었고, 체포되어 수용소에 수감되었는데, 이 기소들은 극소수의 예외를 제외하면 아무런 근거가 없었고 완전히 조작된 것이었다. '수도관에 독물을 넣으려는 시도' 등의 주장은 대숙청 당시 기소장과 마찬가지로 완전한 조작일 가능성이 매우 높다고 본다.

---

33 Краскевич, "Товарищу Шикину(시킨 동지께)," Политико-экономическое положение в зоне размещения советских войск в Корее(조선에 있는 소련 점령지의 정치적·경제적 상태).

34 "Справка о враждебных партиях, существующих в настоящее время в Корее(현재 조선에 존재하는 적대 정당들에 대한 설명서)," Документы, характеризующие политические партии и общественные организации Северной Кореи за 1945 г.(1945년 당시 북조선 정당과 사회단체들을 묘사하는 문서), pp.17~18.

35 "Политическая обстановка в северных провинциях Кореи и устройство местных органов самоуправления(조선 북반부 각 도의 정치 상황과 현지 자치기관 구조)," ЦАМО РФ. Ф. УСГАСК, оп. 433847, д. 1. pp.42~45.

조선 공산주의자들은 소련 당국의 자연적인 동맹 세력이 되었다. 그런데 광복 당시 조선에 공산주의자들은 극소수였다. 조선공산당은 지하 조직으로조차 존재하지 않았다. 식민지 시대에, 이들 중에는 일본의 반공 법률(치안유지법 등)에 의해 금고(禁錮)된 자들이 많았고, 사회에 남아 있는 사람들은 대체로 아무 항일 활동을 하지 않았던 좌파 지식인이었다.

광복의 날이 되자 공산주의자들에게 모든 것이 바뀌게 되었다. 이들 중 다수는, 소련이 조선 북반부를 점령하고, 붉은 군대가 경성까지 진군하기를 기대했다. 당시에 대부분의 공산주의자들은 붉은 군대가 오는 것을 당연히 조선 공산주의화의 첫 단계로 봤기 때문에[36] 자신들의 장래를 매우 긍정적으로 보았다. 공산주의가 지배 사상이 되었기 때문에 38선 이북에서 자신을 공산주의자라고 자칭하는 기회주의자의 수가 급격하게 늘어나게 되었다.

마지막으로 이 모든 집단들 중 어떤 집단의 구성원도 아닌, 일반 조선인에 대해서 말해야 할 것 같다. 역사에서 가장 슬픈 교훈 중 하나는, 역사의 과정에 영향을 미치는 사람들이 소수라는 것이다. 다시 말해, 민중은 역사를 만드는 것이 아니고 역사를 받아들인 것이다.

광복 당시에도 상황은 마찬가지였다. 북한에서 세워진 공산주의 독재 정권이나 남한에서 세워진 이승만의 민족주의적이고 권위적인 정권을 별다른 반항 없이 받아들인 주민들은 인구의 절반 이상이었다. 또한, 이 시기에 38선을 건너가는 것은 비교적 쉬운 일이었기 때문에 점령 당국에 반대하는 위험한 정치 활동에 참가하는 것보다, 공산주의자들은 북조선으로, 반공주의자들은 남조선으로 이주하는 것이 훨씬 쉬운 선택이었다.

---

[36] Борис Сапожников, "Положение в Корее: Информационная сводка(조선의 상태: 통보 보고)."

4. 조선인 조직의 결성

기존 연구에서는 북한 역사에서 조선로동당, 조선민주당(나중에 조선사회민주당) 그리고 조선천도교청우당 3개 정당만 존재했다는 주장이 자주 나온다.[37] 그런데 실제로는, 광복 직후에 여러 정당들이 존재했다. 물론, 어떤 시각에서는 당시 북한에 정부가 존재하지 않았고 이 정당들이 법과 절차에 따른 정상적인 정치 활동을 할 수 없었기 때문에 이들을 정당보다 사회단체로 보아야 한다고 주장할 것이다. 하지만 이 모든 조직들은 스스로 '정당'이라고 자칭했고, 소련 당국도 이들을 정당(партии)으로 보았다. 따라서 이 책에서도 정당으로 볼 것이다.

1) 조선총독부에서 인민위원회로

1945년 8월 6일의 히로시마 원폭 투하, 8일의 소련 선전 포고, 9일 나가사키 원폭 투하 이후인 10일, 일본 제국 정부는 포츠담선언을 조건부로 수락하고 연합국에 항복할 의지가 있다고 선언했다.

제국 정부는 …… 천황 폐하의 국가 통치의 대권을 변경할 요구를 포함하지 않은 것을 이해하에 1945년 7월 26일에 소련 정부가 나중에 동참한 미국, 영국, 지나(支那) 등 삼국 정부 수뇌부들의 공동선언의 조건을 수락한다.[38]

---

37 정성임, 「조선사회민주당과 조선천도교청우당」, 『조선로동당의 외곽단체』(성남: 세종연구소, 2004), 247~299쪽.

38 『ポツダム宣言受諾に関し瑞西、瑞典を介し連合国側に申し入れ関係』(포츠담선언 수락에 관하여 스위스, 스웨덴을 통해 연합국 측에 전달한 제의에 관한 문서), http://www.ndl.go.jp/constitution/shiryo/01/010/010tx.html(검색일: 2017.10.10).

포츠담선언의 조건 중에 하나는 조선의 독립이었다. 이 소식을 알게 된 조선 총독 아베 노부유키는 아주 가까운 미래에 조선에서 일본 통치 시대가 종결될 것임을 깨달았다. 당시에 아베 총독은 조선반도 분단 계획에 대해서도 몰랐고, 항복 과정이 어떻게 될지도 알 수 없었다. 따라서 그는 소련 군대가 경성을 점령하고, 자신이 소련군에게 항복할 가능성이 있다고 생각할 수도 있었다.

그때까지 조선에서 안정된 상태가 유지될 수 있도록, 아베 총독의 지시에 따라 조선총독부의 제2인자였던 엔도 류사쿠(遠藤柳作) 정무총감이 몇몇 조선 정치가들과 만났고, 정권 이양 문제에 대해 토론했다. 이 조선 사람들 중에 대표적인 인물은 여운형이었다. 여운형은 '건국준비위원회'라는 조직을 설립했고, 이 조직의 임무는 조선의 독립 과정을 관리하는 것이었다.[39] 아베 총독은 지방에 있는 도지사들에게, 지방에서도 비슷한 임시 조직을 설립하라는 지시를 내렸다.

며칠이 지난 후인 20일에 아베 총독은 연합국의 합의에 따라서, 소련 군대는 38선 이북 지역만을 점령하고, 남조선에는 미군이 배치될 예정인 것을 알게 되었다. 아베의 새로운 명령을 받은 엔도 정무총감은, 건국준비위원회를 해산시키고 미군이 도착하는 날까지 조선총독부가 남조선을 계속해서 통치하겠다고 선언했다.

그러나 총독부는 이제 북조선을 관리하지 못했기 때문에, 북조선에서는 이미 설립된 건국준비위원회 등의 조직들이 유지되었다. 총독부로부터 명령을 받았던 도지사들은 이 조직들에게 권력 이양을 시도했지만, 붉은 군대가 진주하면서 그들은 실권을 상실하게 되었다. 이 조직들은 주로 '건국준

---

[39] 1945년 8월 10일부터 9월 9일까지 남조선에서 진행된 사건들에 대해서는 <KBS 특집 다큐멘터리: 조선총독부 최후의 25일> 참조.

비위원회', '인민위원회' 또는 '인민정치위원회'라고 자칭했다.

2) 민족사회당

8월 13일에 평안남도 도지사 후루카와 가네히데(古川兼秀)는 아베 총독에게서 건국준비위원회(Подготовительный комитет для создания правительства Кореи)를 설립하라는 명령을 받았다. 후루카와 도지사는 도청 부장(部長)들, 도 경찰서장 그리고 도 특별고등경찰서장이 참가한 특별 회의를 소집해, 평안남도에서 건국준비위원회를 설립하는 문제에 대해 토론했다. 17일에 아베 총독은 니시히로 다다오(西廣忠雄) 총독부 경무국 국장을 통해 후루카와 도지사에게 '조만식이 준비위원회에 참가하도록 하라'는 지시를 내렸고, 참가자들이 만장일치로 내린 결정은 조만식에게 이 위원회의 위원장직을 제안하는 것이었다.[40]

도지사의 허가를 받은 민족주의자들은 '평안남도 건국준비위원회'와 '민족당'이라는 조직들을 설립했다. 조만식은 평안남도 건국준비위원회 위원장이었지만, 민족당 당원이 아니었던 것으로 보인다. 8월 26일에 치스탸코프 상장이 평양에 입성할 때까지, 평안남도 건국준비위원회는 후루카와 도지사 직속 조직이었다. 26일에 위원회 대표자들이 치스탸코프 상장과 만났는데, 치스탸코프는 자신이 직업군인이므로, 자기 대신에 군 정치부와 만나서 이야기하라고 했다.[41] 나중에 평안남도 건국준비위원회의 대표자들이

---

[40] "Справка о враждебных партиях, существующих в настоящее время в Корее(현재 조선에 존재하는 적대 정당들에 대한 설명서)," Документы, характеризующие политические партии и общественные организации Северной Кореи за 1945 г.(1945년 당시 북조선 정당과 사회단체들을 묘사하는 문서), pp.17~18; 森田芳夫, "米ソ兩軍の進駐と日本人の引揚", 『朝鮮 終戰の記録』(東京: 巖南堂書店, 1964), pp.301~310.

[41] 안드레이 란코프가 레베데프 소장과 한 인터뷰, 1990년 1월 19일, 11:00부터 11:45까지.

정치 사업을 책임진 레베데프 소장과 만났지만, 재미있게도 벌써 26일에 치스탸코프와의 만남이 끝난 후 이들은 '정부'라고 자칭하기 시작했다.[42]

민족당 설립 이후 얼마 지나지 않은 8월 31일에 민족당 지도부는 당명을 개정하기로 결정했다. 새로운 명칭은 '민족사회당'이었다. 아마도 사회주의 국가인 소련의 마음을 사기 위해 개명을 하지 않았을까 추측할 수 있다. 그런데 이 결정은 커다란 실수였다. 새로운 당의 이름은 나치 독일의 민족사회주의 독일 노동자당(Nationalsozialistische Deutsche Arbeiterpartei)과[43] 거의 동일한 것이기 때문에, 새로운 이름은 당연히 소련 당국으로부터 부정적인 반응을 불러올 수밖에 없었다.

소련 당국의 정보에 따르면 9월 8일 당시 평양에서 이 정당의 당원 수는 185명이고, 지방에는 9개 군(郡) 위원회도 있었다. 소련 당국은 건국준비위원회[44]와 민족사회당에 대해서 처음부터 의심이 많았다. 대체로 이 조직들을 총독부의 괴뢰 그리고 졸개로 보았고, 이들은 '반공 테러 집단'이기 때문에 막아야 한다고 생각했다.[45]

---

[42] *Справка о враждебных партиях, существующих в настоящее время в Корее* (현재 조선에 존재하는 적대 정당들에 대한 설명서), Документы, характеризующие политические партии и общественные организации Северной Кореи за 1945 г.(1945년 당시 북조선 정당과 사회단체들을 묘사하는 문서), pp.17~18.

[43] 한국 문서에서 '국가사회주의 독일 노동자당'이라는 번역도 나온다. 역시 독일어 Nation이라는 단어를 '국가' 또는 '민족'이라고 번역할 수 있다. 그런데, 나치의 사상은 이탈리아 파쇼주의와 달리 국수주의가 아니고, '핏줄'을 비롯한 인종주의적 개념을 강조해 '민족사회주의 독일 노동자당'이라는 번역이 더 적절하다고 본다.

[44] 1946년에 나온 자료에서도 여운형이 엔도 정무총감으로부터 돈을 받았다는 소문이 있었다는 주장이 있다. "Характеристика на кандидатов во Временное демократическое правительство Кореи (조선임시민주정부 구성원 후보자 평정서)," РГАСПИ, Ф. 17, оп. 61. pp.12~14 참조.

[45] "Справка о враждебных партиях, существующих в настоящее время в Корее(현재 조선에 존재하는 적대 정당들에 대한 설명서)," Документы, характеризующие политические партии и общественные организации Северной Кореи за 1945

9월 9일에 작성된 소련군 보고서에 따르면 민족사회당의 강령은 다음과 같다.[46]

1. 의료 시설 국영화

2. 개인 소유의 제한

3. 토지의 국유화(수확 권리)

4. 필수 교육 실행

5. 매음굴 등급 구분 제도 실행

6. 금융 기관의 국영화

7. 대외 정책에 중립 원칙 엄중히 집행

8. 징병제 도입

9. 상업 자유

10. 언론과 집회 자유

11. 비밀 투표 제도 도입

12. 25세 이상 남자들에게 피선거권 부여

13. 해군 모병제 도입

9월 18일에 소련 군인이 작성한 문서에서는 '[민족사회당의] 강령은 제일 중요한 문제인 토지의 국유화와 인민에 대한 분배 문제를 포함하지 않았다'는 주장이 있다.[47] 사료의 저자는 강령을 제대로 읽지 않았거나, 혹은 9일과

г.(1945년 당시 북조선 정당과 사회단체들을 묘사하는 문서), pp.17~18.

46 "Краткие данные о Корейской национал-социалистической партии(조선 민족사회당에 대한 개관)," Документы, характеризующие политические партии и общественные организации Северной Кореи за 1945 г.(1945년 당시 북조선 정당과 사회단체들을 묘사하는 문서), ЦАМО РФ. Ф. 172, оп. 614630, д. 5. pp.22~25.

47 "Справка о враждебных партиях, существующих в настоящее время в Корее(현재

〈표 3-1〉 민족사회당의 지도부

이름	민족사회당에서의 직위
이몽(Ли Мон)	중앙집행위원회 위원장
전정열(Ден Ден Ел)	정보부 부장
오동순(О Дон Сун)	정치부 부장
김정문(Ким Ден Мун)	선동선전부 부장
이정수(Ли Ден Су)	당면사업부 부장
김닥흥(Ким Дак Хын)	총무부 부장
박정식(Пак Ден Сик)	외교부 부장
원선환(Вен Сен Хван)	당 산하 청년동맹 영도자

18일 사이에 민족사회당의 강령이 변경되었다고 추측할 수도 있다.

소련 자료에 따르면, 민족사회당의 지도부는 〈표 3-1〉과 같았다.[48]

공산주의자들은 민족사회당에 대해 의심이 있었고, 이 정당의 당원들이 공산주의자 암살 사건과 관계가 있다고 추측했다.[49]

9월 22일에 작성된 보고서에서, 소련 당국의 결정으로 민족사회당이 해산되었다는 언급이 있다. 이 결정은 9월 18일과 22일 사이에 나왔다고 추측된다.[50]

조선에 존재하는 적대 정당들에 대한 설명서)," Документы, характеризующие политические партии и общественные организации Северной Кореи за 1945 г.(1945년 당시 북조선 정당과 사회단체들을 묘사하는 문서), pp.17~18.

[48] "Краткие данные о Корейской национал-социалистической партии(조선 민족사회당에 대한 개관)," Документы, характеризующие политические партии и общественные организации Северной Кореи за 1945 г.(1945년 당시 북조선 정당과 사회단체들을 묘사하는 문서), ЦАМО РФ. pp.22~25.

[49] Краскевич, "Товарищу Шикину(시킨 동지께)," Политико-экономическое положение в зоне размещения советских войск в Корее(조선에 있는 소련 점령지의 정치적·경제적 상태).

[50] 같은 글.

3) 조선공산당

1928년부터 1945년까지 조선공산당이 존재하지 않았다. 좌익 독립 운동가들 내부에서 매우 심각하게 벌어지고 있었던 종파 싸움으로 인해, 1928년 국제공산당은 조선공산당을 사실상 해산했다.

그러나 히로히토 천황의 항복 선언과 같은 날인 8월 15일에, 조선공산당은 경성에서 재조직되었다. 그런데, 재조직된 조선공산당은 재조직과 동시에 두 가지 문제에 직면하게 되었다. 첫째로, 소련 군대는 경성을 점령하지 않기 때문에, 조선공산당 지도부는 소련군과 분리되었다. 둘째는, 역시 항일운동의 오래된 고질병인 분파주의였다. 재조직 직후부터 공산당 내부에는 대립하는 2개의 종파가 있었다. 바로 박헌영(朴憲永)[51] 종파와 이영(李英) 종파였다. 광복 직후에, 박헌영파는 '경성콤그룹'이라고 자칭했으며, 이영파는 '스탈린그룹(Сталинская группа)'이라고 자칭했다.[52]

박헌영과 이영 사이에는 권력 투쟁도 있었다. 한편으로 그들은 조선에서 진행되고 있는 일에 대해서, 두 종파 다 마르크스·레닌주의적 입장에서 해석했지만 그 해석은 사뭇 달랐다. 박헌영의 '경성콤그룹'은 제2차 세계대전이 한편으로 민주국가, 다른 편으로 파시즘, 군국주의 국가들 사이의 전쟁이라고 봤는데, 이영의 '스탈린그룹'은 제2차 세계대전을 사회주의와 자본주의 사이의 전쟁으로 보았고 조선에서 부르주아 민주주의 혁명을[53] 완성해

---

[51] 박헌영은 식민지 조선 내의 공산주의 운동가 중에서 가장 대표적인 인물이었다. 식민지 질서에 적극적으로 저항한 그는 여러 차례 투옥 당했다. 나중에 북한의 첫 내각에서 부수상이 되었지만, 1953년에 김일성의 지시에 따라 '미제 간첩'(물론 완전히 날조된 혐의이다)으로 기소당해 처형당했다.

[52] Калашников, "О положении коммунистической партии в Корее(조선공산당의 현재 상태에 대하여)," ЦАМО РФ. Ф. 32, оп. 11306, д. 682.

[53] 객관적으로 보면, 물론 당시 조선에 아무 '혁명'도 없었다. 식민지 정권이 붕괴된 유일한

야 한다고 생각했다. 또한 조선에서 즉시 무산계급 혁명을 일으켜야만 사회주의 질서를 세울 수 있다고 보았다.[54]

소련 당국은 박헌영의 강령이 더 옳다고 보았고, 그를 공산당의 지도자로 인정했다. 반대로, 이영파를 극단주의적인 '좌파 분자'로 비난했다.[55] 그러나 이영파는 싸움을 멈추지 않았고, 계속해서 박헌영을 '악독한 분파주의자'로 비난했다. 흥미롭게도, 이영파는 소련을 끊임없이 찬양했는데, 이들의 선전에서는 '소련에서 노동시간은 6시간에 불과하다' 등 사실과 다른 주장이 많았다. 이영파의 선전물을 분석한 립시츠(Юрий Давыдович Лившиц) 소령은 '이들은 소련의 현실을 왜곡해서 소련의 생활을 매우 이상화하는데, 이것은 상당히 큰 해로움을 준다'라고 평가했다.[56]

9월 초 박헌영파는 38선 이북에서도 공산당 조직을 설립하려고 노력했다. 박헌영을 지지하는 종파는 황해도, 평안남도, 평양시 그리고 몇 개의 군 (郡)에서 만들어졌다. 소련 장교의 보고에 따르면 평양시에서 공산당 당원이 200명 정도 있었다.[57]

원인은 일본 제국의 패망이었다. 그런데 마르크스·레닌주의의 원칙 중에 하나는 봉건주의 정권은 먼저 부르주아 민주주의 혁명으로 무너지고, 나중에 자본주의 질서가 사회주의 혁명으로 무너지게 된다는 것이었다. 1945년 조선에는 이 원칙을 적용하는 것이 사실상 불가능했지만, 마르크스·레닌주의를 맹앙(盲仰)한 공산주의자들은 식민지 정권의 패망을 '혁명'이라고 불렀다.

[54] Калашников, "О положении коммунистической партии в Корее(조선공산당의 현재 상태에 대하여)," ЦАМО РФ. Ф. 32, оп. 11306, д. 682.

[55] 같은 글.

[56] Лившиц, "Информационная сводка. Фракционная борьба в корейской компартии (통보 개관. 조선공산당의 종파 투쟁)," 29 октября 1945 года, Документы, характеризующие политические партии и общественные организации Северной Кореи за 1945 г.(1945년 당시 북조선 정당과 사회단체들을 묘사하는 문서), ЦАМО РФ. Ф. 172, оп. 614630, д. 5.

[57] Борис Сапожников, "Положение в Корее: Информационная сводка(조선의 상태: 통보 보고)," 13 сентября 1945 года, ЦАМО РФ. Ф. 32, оп. 11306, д. 692.

함흥에서 공산주의자들은 지도자 오기섭의 영도하에 인민위원회를 장악했으며, 소련을 모델로 삼아 국가 정치부[58](직원 30명)를 설립했다. 이 국가 정치부의 목적은 '숨어 있는 일본인과 친일 분자를 찾아내고 박해하는 것이었다(выявление и преследование скрывающихся японцев и прояпонских элементов)'. 흥남 화학 공장에서도 공산당 조직이 생겼다.[59]

공산주의자들의 모든 활동이 소련 당국의 지지를 받은 것은 아니었다. 특히 9월 초에 공산주의자들이 소련을 거울로 삼아 당원증 발급을 시작하면서 조선에서 '혁명이 발생했다'고 주장했을 때, 소련 당국은 이 활동들을 중지하라고 지시했으며, 선전·계몽 활동만 하도록 지시했다.[60]

4) 조선사회민주당

다른 정당과는 다르게, 조선사회민주당은 경성이나 평양이 아니라 신의주에서 생긴 지방 정당이었다. 이 정당은 공산주의 정권에 대해 불만을 가진 주민들을 결집시키는 핵심 조직이었다. 9월 3일에 설립된 이 정당의 창당을 주도한 사람은 김고황(КИМ КОХВАН, 당 비서, 1945년 당시 34세)이었다. 김고황은 경성에서 공업학교를 졸업했으며, 1945년 8월 15일 경성에서 신의주로 왔다. 조선사회민주당에 대한 설명 보고서를 작성한 립시츠 소령은, 김고황이 경성에서는 한경직, 신의주에서는 강덕희에게서 지도를 받았다고 보았다.[61]

---

58 국가정치부(Государственное политическое управление)는 1922년부터 1923년까지 소비에트 러시아와 소련에서 존재했던 비밀경찰이었다.

59 Борис Сапожников, "Положение в Корее: Информационная сводка(조선의 상태: 통보 보고)."

60 같은 글.

61 "Организационное оформление компартии Кореи(조선공산당의 조직적 형성화),"

소련 자료에서 조선사회민주당의 강령과 규약을 찾을 수 있는데, 이것들의 주된 내용은 계급 독재 부인, 민주주의 제도 설립, 복지 확립, 대한민국 임시정부 지지였다. 즉, 이 정당은 정상적인 사회민주주의 세력으로 볼 수 있다.

조선사회민주당 강령

1. 조선에서 인민의 민족적 정부가 권력을 잡았다. 일본이 우리나라를 탄압하고 예속화한 그 검은 날들이 지나갔다. 이제 나라의 운명은 조선 사람의 것이다. 정부를 중심으로 단결하고, 조선을 정비하는 데 기여해야 한다.[62]

현재 자유 조선에서 모든 계급의 평등이 이루어지게 되었다. 남자, 여자 그리고 청년의 평등이다. 조선을 자유 독립국가로 만들기 위해 최선을 다해야 한다. 조선 인민의 민족정신을 복원해야 한다.

2. 우리는 조선에서 민주주의 원칙을 건설한다. 우리는 어떤 계급의 정치적 독재를 부인한다. 우리는 어떤 개인이 진행시키는 정책을 원하지 않는다. 우리는 전체 대중 사상에 근거한 자주적 권리를 지지한다. 우리는 김구가 설립한 임시정부를 지지하고 인민에 근거하여 인민의 행복을 위하여 투쟁하고, 인민의 뜻에 따라 나라의 운명을 결정하는 이 정부가 강화되는 것을 지지한다. 우리는 평등 보통 선거권, 표현의 자유, 집회의 자유, 언론의 자유 그리고 신앙의 자유를 지지한다.

3. 우리는 국가가 지주의 토지를 구매하여 농민들에게 분배하는 것을 통한

Документы, характеризующие политические партии и общественные организации Северной Кореи за 1945 г.(1945년 당시 북조선 정당과 사회단체들을 묘사하는 문서), ЦАМО РФ. Ф. 172, оп. 614630, д. 5. pp.45~51.

[62] 문서를 작성한 소련 장교는 "이 정당의 '정부'는 충칭에 있는 김구의 임시정부라는 뜻이다"라고 주석을 달았다.

농민의 평등화를 지지한다.

4. 주민들의 보급을 개선하자. 보급에서 불평등을 없어지게 하자.

5. 전체 국민이 교육을 받는 것을 이루자. 초등교육은 무상으로 해야 한다. 중등교육 기관의 망(網)을 발전시키자.

6. 미국과 소련이 해방을 준 데 대하여 감사드리지만, 외국이 조선의 국내외 정책에 영향을 주는 것을 반대한다.

7. 우리는 조선 인민과 인민의 행복을 위하여 한 평생을 바친 우리의 가장 훌륭한 투사들[63]을 중심으로 단결하여 이들의 영도 밑에서 자유 독립 조선을 위해 투쟁해야 한다.

상기(上記)된 것은 당원들에게 곧 법이다. 당원들은 이를 준수해야 한다.

조선사회민주당 규약

1. 본 정당은 조선사회민주당이다.

2. 당 지도부는 신의주시에 위치한다.

3. 당은 독립 민주국가 건설을 자신의 목적으로 본다.

4. 본 정당이 모든 당원이 당 규약에 충성하는 원칙으로 설립된다.

5. 당의 최고 지도 조직은 1년에 한 번 진행하는 당 대회이다. 당원의 2/3가 당 대회 소집을 요구할 때 특별 대회가 진행된다. 당 대회는 당 중앙위원회 소속으로 진행되고, 필수적으로 지방 조직에서 대표자들을 받아야 한다. 대표자 1/2이 참석한 경우에 대회는 진행된다. 대표자 1/2 미만이 참가할 시에는 대회를 진행할 수 없다. 이런 대회는 권한이 없는 것으로 본다.

6. 당에 총무부(비서국 포함), 조직부, 재무부, 선전부와 교양부를 둔다. 모든 5개의 부는 당 중앙위원회가 지도한다.

---

63 문서를 작성한 소련 장교는 "여기에서는 김구 선생을 말한다"라고 주석을 달았다.

7. 당 중앙위원회 소속에 입법국, 관리국, 경제국, 문화국, 통신국 등을 둔다(본 제도는 토론 대상이다). 이 기관의 사업은 다음과 같이 진행된다. 비서국 소속에 간부과와 기술비서과를 둔다. 나머진 국은 상기된 부와 함께 사업을 진행한다. 조직부는 당 조직을 설립하는 사업을 한다. 재무부는 당의 재무를 관리한다. 선전부는 선전선동 사업을 관리한다. 교양부는 학교와 교양 기관 사업을 지도한다.

8. 당의 정원은 다음과 같이 정한다: 당 주석 – 1명, 부주석 2명, 사무부의 부장 1명, 위원회 위원 – 정의되지 않음.

9. 위원회 선거 및 선거기간은 다음과 같이 채택된다: 위원회 위원은 당 대회로부터 선출된다. 주석, 부주석, 사무부 부장은 위원회 전원회의에서 선출된다. 또한, 고문관 직위도 설치되는데, 고문관도 당 전원회의로부터 선출된다. 주석은 전체 당 사업을 지도하고, 부주석들은 그를 보좌하고, [주석의 궐위 시] 그를 대리한다. 기술 비서과는 당 사무를 관리한다. 고문관은 주석과 협의한다. [임기인] 1년의 기간이 만료되면, 위원들은 사업을 잘 한 경우에 다시 선출될 수 있다.

10. 당 예산은 당비와 기부로 구성된다. 입당비는 10원, 1년간의 당원비는 30원으로 한다.

11. 당원의 권리와 의무. ① 권리: 선거권과 피선거권. ② 의무: 규약을 준수하고 당비를 내는 것이다. 규약을 준수하지 않고 당비를 내지 않는 당원들은 벌을 받는다. 규약을 세부화하는 사업은 당 대회에서 진행될 것이다.

주: 본 규약은 1945년 9월 3일부터 적용된다.[64]

---

64 Социал-демократическая партия, Документы, характеризующие политические партии и общественные организации Северной Кореи за 1945 г.(1945년 당시 북조선 정당과 사회단체들을 묘사하는 문서), ЦАМО РФ. Ф. 172, оп. 614630, д. 5. pp.74~76.

조선사회민주당 당원들은 11월 23일에 신의주에서 발생한 반공 학생 시위에 참가했고 이후 소련 당국의 탄압을 피하기 위해 당의 활동을 중지했다. 따라서 조선사회민주당은 사실상 사라지게 되었다.

5) 우리 청년회

한편, 신의주에서 조선사회민주당 외에 또 하나의 정치 조직이 생겼다. 신의주 청년들을 중심으로 한 조직인 '우리 청년회'는 8월 23일에 창립되었고, 나중에 소련 경무사령부에 등록되었다. 이 조직은 조선사회민주당의 지도를 받았으므로, '우리 청년회'는 사실상 조선사회민주당의 청년단으로 볼 수 있다.

소련의 정보에 따르면 이 조직의 구성원은 신의주에 270명 정도가 있었으며, 평균 나이가 만 18~20세로, 대부분 학생이었다. 조직 지도자 김성순[65]은 1943년에 일본 제국 전체에서 가장 위신이 높은 학부인 도쿄제국대학 법학부를 졸업했다.[66] '우리 청년회'는 경성과 관계가 긴밀했기 때문에, 소련 당국은 경성에서 이 조직을 관리할 목적으로 온 인물도 관찰했다. '우리 청년회'가 발행하는 문서의 경우, 실제로 경무사령부와 공산당 조직의 통제를 받지 않아서, 심지어 경성에서 나오는 매체의 내용까지 발표할 수 있었다.

조선사회민주당처럼 '우리 청년회'도 11월 23일 반공 학생 시위 이후에 경무사령부의 제령으로 해산되었고, 일부 구성원들은 체포되었다. 다만, 지

---

65 김성순 회장의 정확한 한글 이름은 함석헌의 「내가 겪은 신의주학생사건」이라는 글에 나온다. 함석헌, 「내가 겪은 신의주학생사건」, ≪씨알의 소리≫, 6호(1971), 39쪽.

66 도쿄 제국 대학 법학부에 대해서는 Marius B. Jansen, "The Law Faculty of Tokyo Imperial University," *The Making of Modern Japan*(London: The Belknap Press of Harvard University Press, 2002), pp.542~548 참조.

도자인 김성수는 성공적으로 탈출해 소련 당국은 그를 체포하지 못했다.[67]

6) 부르주아민주당

'부르주아민주당' 설립 계획에 대해 소련군 보고서에서는 2개의 언급이
있다:

북쪽에서 부르주아민주당 설립 과정이 시작되었습니다. 이 정당의 비서 및
설립자는 평양에 거주하는 김정리(КИМ ТЕННИ)가 될 예정입니다. 김일성
은 김정리를 잘 알고 있습니다. 전체 반일 부르주아민주 세력의 단결을 주장
하는 이 정당의 강령은 이미 작성되었습니다. 북쪽에서 이 정당은 농민 계층,
지식인, 상인, 도시 부르주아 그리고 승려층에 기반할 예정입니다. 조만식은
이 강령을 지지합니다.[68]

두번째 언급도 별로 자세하지 않다.

공산당을 제외하면, 북조선에서 부르주아민주당도 자기 활동을 확대하고
있는데, 이 정당의 당수는 김정린(Ким Теннин)이다. 이 정당의 강령은 조선

---

67 "Молодёжная организация 'Наша молодёжь'(청년 단체 '우리 청년회')," Документы,
характеризующие политические партии и общественные организации Северной
Кореи за 1945 г.(1945년 당시 북조선 정당과 사회단체들을 묘사하는 문서), ЦАМО РФ.
Ф. 172, оп. 614630, д. 5. pp.81~82.
68 "Организационное оформление компартии Кореи(조선공산당의 조직적 형성화),"
Документы, характеризующие политические партии и общественные
организации Северной Кореи за 1945 г.(1945년 당시 북조선 정당과 사회단체들을
묘사하는 문서), pp.45~51.

의 민족 대단결과 민주주의 사회 건설, 일본 제국주의자와 친일 분자의 토지를 국영화 그리고 농민에게 분배, 주요 공장의 국영화와 8년 필수 교육 제도를 포함한다.[69]

'김정리'과 '김정린'이 같은 인물이며, 문서 중의 하나에서 오자가 있을 가능성이 높게 보인다. 이 사료들을 제외하면 부르주아민주당에 대해서 아무 언급이 없어서, 당수의 진짜 이름을 확인할 수 없다. 그러나 소련 사료에서 조선인 이름을 표기할 때 받침을 빠뜨리는 경향이 있어서 '김정린'이 정확한 이름일 가능성이 더 높게 보인다.

부르주아민주당의 설립 계획이 실패했는지, 아니면 바로 이 정당이 나중에 조선민주당이 되었는지는 알 수 없다.

7) 대동

대동(大同)이라는 단체는 조선에 있는 모든 정당들을 통합시킬 목적으로 설립되었으며, 충칭(重慶)에 있었던 대한민국 임시정부를 합법적인 정부로 인정하는 단체였다. 지도자는 '박정선 노인(старик ПАК ЧЕН СЕН)'이었다. 소련 당국은 박정선이 공산주의자를 살해하자는 선언의 작성자라고 주장했다. 그들은 이 정당이 '미국 정보국'의 정당일 가능성이 매우 높다고 보았다.[70]

---

[69] "Б. Сапожников — Г. Димитрову." 5 ноября 1945, РГАСПИ, Ф. 17, оп. 128, д. 47. pp.19~21.

[70] "Справка о враждебных партиях, существующих в настоящее время в Корее(현재 조선에 존재하는 적대 정당들에 대한 설명서)," Документы, характеризующие политические партии и общественные организации Северной Кореи за 1945 г (1945년 당시 북조선 정당과 사회단체들을 묘사하는 문서), pp.17~18.

8) 조선대중당

이 정당의 지도자는 조만식이 설립한 위원회의 일꾼인 채봉진(ЧЕ ПУН ЧЖИН)이었다. 소련 당국은 조선대중당을 테러 집단으로 보았다.[71]

9) 건국청년당

경성에서 지도를 받는 조직이었다. 소련 당국의 보고서에 인용된 공산주의자 이필헌(Ли Пир Хен)의 증언에 따르면 이 정당은 '반혁명 삐라'를 만든 적이 있다고 한다.

건국청년당이 관련된 사건 중에 제일 중요한 것은, 9월 15일에 함흥에서 진행한 시위였다. 지금까지 이 시위에 대한 연구는 물론, 기존 연구에서 언급도 없었고, 소련 자료에서도 이 시위에 관한 정보가 자세하지 않다. 소련 자료에 따르면, 참가자들은 1000명 이상이었고, 시위 군중들은 '붉은 군대가 아니라, 미국이 조선을 해방했다고' 주장하며, 앞으로도 미국의 지도하에 조선 건국 과정을 진행해야 한다고 했다.[72] 소련 당국은 이 시위를 자신의 권위에 대한 공격으로 보았다. 다음 날 공산당은 '조선·소련 우정 강화'를 주장하는 시위를 했고, 소련 장교들은 이 친소 시위의 참가자들이 3만 명 이상이라고 보고했다.

---

[71] 같은 글.

[72] "Донесение о политическом состоянии населения Северной Кореи(북조선 주민의 정치 상태에 관한 보고)," 19 сентября 1945 года, ЦАМО РФ. Ф. 234, оп. 3225, д. 47. p.3.

5. 소결

일본의 항복 직후에 북조선 식민지 기관의 간부와 친일 인물들의 활동은 거의 끝나 버렸다. 당시 북조선의 대표적인 세력은 우파 민족주의자, 사회 민주주의자 그리고 공산주의자들이었다. 각각을 간단하게 살펴보자.

민족주의 세력은 새로운 상황을 거의 이해하지 못한 것 같다. 이들은 대체로, 소련이 조선에 독립을 준 세력이며, 정치적 방향은 결정하지 않는 줄 알았다. 따라서 처음에 소련의 통치를 일시적인 것으로 생각해서 받아들였지만, 나중에 이에 반대 또는 항의한 민족주의자들이 많았다.

주로 신의주에서 활동한 사회민주주의자들은 민족주의자와 달리 소련 당국의 정책 방향을 이해했고, 이들과 타협을 이루려고 했다. 사회민주주의자들의 목적은 북조선의 공산화를 피하면서 소련도 받아들일 수 있는 정권을 설립하는 것이었다. 당시에 이러한 정치적 전략은 제일 합리적인 것으로 보였지만, 11월 신의주 사건 때문에 사회민주주의자들의 노력은 실패했다.

당시의 공산주의자들 중에 공산주의 사상을 진심으로 지지한 자들이 있었지만, 기회주의자들도 상당히 많았다. 게다가 이들을 구분하는 것은 어려운 일이다. 소련에 충실한 이 사람들은 나중에 북조선의 엘리트가 되었다.

제4장

소련군의 지배

1. 소련 점령 정권의 설립

소련군은 북조선을 군(軍) 경무사령부(военная комендатура)를 통해 통치
했다. 군 경무사령부 설치 계획은 소일전쟁의 개전과 동시에 승인되었다.[1]
관리부는 조선 도(道), 시(市)[2] 그리고 군(郡)마다 설치되었고, 각각의 경무사
령부마다 경무관이 임명되었으며, 대부분의 경우에 정치 담당 부경무관도
임명되었다.

---

1   ПУ I-го Дальневосточного фронта, *Краткий справочник для военных комендантов*
    (군 경무관들을 위한 간략한 참고서), 1945 г. ЦАМО РФ. Ф. 32, оп. 11318, д. 196.
    pp.43~66.
2   시 경무사령부는 평양, 진남포, 청진, 흥남, 신의주, 해주 그리고 원산 등 7개 도시에
    설립되었다. "Доклад об итогах работы Управления Советской Гражданской
    Администрации в Северной Корее за три года(август 1945 г. – ноябрь 1948 г.)
    [3년간(1945년 8월부터 1948년 11월까지) 주 북조선 소련 민간관리부의 사업 결과에
    관한 보고]," АВП РФ, Ф. 0480, оп. 4. p.8 참조.

북조선 현지에 도착하자마자, 군 경무관[3]들은 무기를 경무사령부에 넘기고, 일상생활을 진행하며, 종교 시설이 해산되지 않는다고 약속하는 '명령서 1호'를 발표했다.[4]

군 경무관의 명령서 제一호

一 九 四 五 년 월 일

안정 생활과 질서를 유하기를 위하여 아래와 가치 명령함:

一. 모든 민사 당국들은 자긔책임을 실행을 게속할것.

二. 모든 상업긔관 밋 생산긔업소 주인들은 자긔 사업을 게속할 것. 상품과 식료품 밋 긔타 물품들의 가격은 쏘베트군대가 오기 전 가격대로 남아 잇슴. 주류(酒類) 매매는 아프로 특별 지시가 잇을 째까지 금지함.

三. 지방 당국들과 평인들은 모든 학교, 병원, 진찰소 쏘는 긔타 문하 밋 공영기관들과 긔업소들의 안전한 작업을 보장식힘에 백방으로 방조할 것.

四. 성당과 예배당에서 장애 업시 예배를 볼 수 잇슴.

五. 지방 주민들은 자긔가 가지고 잇는 총, 탄약품, 군용물재, 군수품 밋 라디오 방송긔들을 죄다. 군 경무관에게 바칠 것.

六. 일본 군대 밋 _____ 군사당국의 소유로 잇던 모든 창고들과 창고로 쓰던 집들은 거기에 모든 물산들이 잇는 채로 쏘베트 지휘관의 관리하게 넘어감.

七. 거리 통행은 지방시간으로 아츰 五시부터 저녁 九시까지 허가함.

八. 야간에는 등화관제(燈火管制)를 쏫 실시할 것.

_____군 경무관

---

3 "경무관"은 필자가 한 번역이 아니고, 바로 당시 조선어 공식 명칭이다.

4 ПУ I-го Дальневосточного фронта, "ПРИКАЗ No.1.(명령서 제1호)," 1945 г. ЦАМО РФ. Ф. 32, оп. 11318, д. 196. р.79.

도 경무사령부의 경우, 구성원들은 다음과 같이 조직되었다. 군(軍) 경무관(военный комендант), 정치 담당 부경무관(заместитель коменданта по политической части), 대열 담당 부경무관(заместитель коменданта по строевой части), 당직 경무관 부관(помощник дежурного коменданта) 2명, 교관(инструктор) 2명, 급식소장(начальник питательного пункта)과 소장 소속 경리부(хозяйственный аппарат), 사무장(заведующий делопроизводством), 통역가(переводчик) 등으로 도 경무사령부의 정원은 22명이었고, 또한 별도로 경비 소대가 설치되었다.

군 경무사령부는 경무관, 정치 담당 부경무관, 대열 담당 부경무관, 번역가, 사무 책임자 등 총정원이 6명이었으며, 별도로 경비 소대(나중에 경비 분대)가 설치되었다.[5]

경무사령부가 실권을 가진 조직이었고, 조선인들이 세운 인민위원회는 보조기관에 불과했다.

2. 조선 정책에 관한 스탈린의 명령

현재까지 발견된 사료에 따르면, 조선 정책에 대한 스탈린의 첫 번째 명령은 9월 20일에 나왔다. 스탈린은 북조선에서 소련식 제도를 설치하지 말고, '부르주아 민주주의' 제도를 설립하라고 명령했다.

붉은 군대 최고사령부가 현지 주권 기관 및 북조선 주민들과의 관계에

---

5 "Доклад об итогах работы Управления Советской Гражданской Администрации в Северной Корее за три года(август 1945 г. - ноябрь 1948 г.)[3년간(1945년 8월부터 1948년 11월까지) 주 북조선 소련 민간관리부의 사업 결과에 관한 보고]," pp.8~9.

대하여 극동 지역의 소비에트 군대 총사령관, 연해군구 군사위원회, 제25
군 군사위원회에 하달한 지령

1945년 9월 20일

붉은 군대가 북조선을 점령하는 것에 관련하여 최고사령부는 다음과 같은
원칙을 지키라는 것을 명령함.

1. 북조선에 소비에트나 다른 소비에트식 주권 기관을 설립하지 말고, 소련
   식 질서를 도입하지 말아야 함.

2. 북조선에 전체 반일민주주의 정당과 단체를 기반으로 하며 폭넓은 블록
   을 기반으로 하는 부르주아 민주주의 정권을 설립하는 데 기여해야 함.

3. 붉은 군대가 점령한 조선 지역에서 반일 민주주의 단체와 정당의 설립을
   방해하지 말고, 그들의 사업을 원조해야 함.

4. 현지 주민들에게 다음과 같은 것을 설명해야 함:

ㄱ) 붉은 군대가 일본 정복자를 처부술 목적으로 북조선에 들어왔으며 조
   선에서 소비에트 질서의 도입이나 조선의 영토를 획득할 목적을 추구
   하지 않는다는 것.

ㄴ) 북조선 국민의 개인 또한 공공재산은 소비에트 군사 주권의 보호를 받
   는다는 것.

5. 현지 주민들은 자기 평화적 노동(мирный труд)을 계속하고, [소련군의]
   공업, 상업, 도시 경영 등 기업소의 사업을 보장하며, 소련 군사 당국의
   요구와 지시에 협력하고, 사회질서의 유지에 협조하자고 호소함.

6. 북조선에 배치된 군인들에게 규율을 준수하고, 주민들을 무례하게 대하
   지 않고, 단정하게 처신하라는 지시를 내려야 함.
   종교적 의식 또는 의식의 진행을 방해하지 않고, 사원 등 종교 기관을 건
   드리지 말아야 함.

7. 민간관리부 사업은 연해군구 군사위원회가 지도함.

이오시프 스탈린

알렉세이 안토노프6

    국가 원수의 명령을 위반하는 것은 곧 명령 불복종인데, 스탈린의 소련
과 같은 나라에서는 사실상 반역죄나 다름없다고 할 수 있다. 그런데 조선에
대한 소련의 실제 정책을 보면, 처음에는 조선에 관한 정책이 불확실했지만,
나중에는 명확하게 소련식 공산주의 정권을 세우는 것이었다. 결국, 이 문제
에 관하여 유일하게 가능한 설명은 스탈린이 9월 20일 이후에 또 하나의 명
령을 내렸고, 이 명령에서 소비에트화 정책을 직접 또는 간접적으로 승인했
다는 것이다.

    또 다른 사료에서 스탈린의 다른 명령에 관한 언급을 찾을 수 있다. 10월
20일에 작성한 립시츠 소령의 보고서에는 '9월 21일 최고사령부의 지시'에
대한 언급이 있다. 립시츠 소령은 이 지시가 조선의 토지와 공업 문제에 관
한 명령이라고 했기 때문에, 9월 21일 최고사령부 지시는 9월 20일에 나온
명령과 분명히 다른 문서라고 볼 수 있다.7 김일성을 중심으로 하는 공산주
의 정권의 설립 과정은 10월에 시작했는데, 혹시 스탈린이 9월 21일의 바로

---

6   이 문서의 전문은 일본 ≪마이니치신문≫에서 처음 보도되었다. "朝鮮半島北半部を
占領直後スターリンの指令", ≪毎日新聞≫(1993.2.26), p.2 참조. 러시아어 원문 전체.
Чжон Хюн Су, *Социально-экономические преобразования в Северной Корее в
условиях Советской Военной Администрации. 1945~1948 гг.*(소련 군정하 북조선의
사회적·경제적 변화, 1945~1948년)(Москва: МГУ им. Ломоносова, 1997) 참조.
문서의 등록 번호는 ЦАМО РФ. Ф. 148, оп. 3225, д. 28. pp.42~59이다.

7   "Лившиц, Информационная сводка о состоянии компартии в северных
провинциях Кореи(조선 북방 도에서 공산당의 상태에 관한 통보 보고)," Документы,
характеризующие политические партии и общественные организации Северной
Кореи за 1945 г.(1945년 당시 북조선 정당과 사회단체들을 묘사하는 문서), 20 октября
1945, ЦАМО РФ. Ф. 172, оп. 614630, д. 5. pp.45~51.

직전, 즉 20일에 자신의 명령을 수정한 것이 아닐까 생각하게 된다.

3. 군표: 붉은 군대 사령부의 원(圓)

식민지 시대에 조선에서 사용했던 통화는 일본 엔이었다. 그런데, 경성의 조선은행은 특이한 화폐를 발행했다. 이 화폐를 '조선 엔'이라 불렀는데, 화폐에 있는 그림은 다르지만 일본 본토에서 사용했던 엔과 같은 통화였다.

붉은 군대가 조선반도의 북반부를 점령했을 때, 중화민국 위안, 만주국 위안, 일본 엔 그리고 조선 엔으로 이루어진 다량의 현금을 확보했다. 금액은 500억 중화민국 위안, 11억 2300만 만주국 위안, 3억 5200만 일본 엔 그리고 1억 5000만 조선 엔이었다. 소련 당국은 중국 정부와 일본을 점령할 예정인 미군 당국이 새로운 화폐를 발행하면 지금까지 획득한 현금의 가치가 상실될 것을 우려해, 전리품이 된 화폐를 될 수 있는 대로 빨리 사용하기로 하고, 동시에 만주와 조선 지역에서 사용할 새로운 화폐의 발행에 대해 결정했다. 소련 내각인 인민위원회(Совет Народных Комиссаров)는 9월 5일 새 화폐 발행에 관한 제령을 하달했다(제령 번호 2280-581c).[8]

조선에서 사용하기 위해 발행된 새로운 화폐의 이름은 한글로 '붉은 군대 사령부의 원'이었지만, 소련 문서에서는 '엔(иена)'이라고 불렀다. 조선에서는 圓, 즉 한자로 쓴 원, 엔이나 위안을 다 '원'이라고 불렀다.

붉은 군대 사령부는 1원, 5원, 10원 그리고 100원짜리 화폐를 발행했다.

---

8   "Об отпуске Наркомвнешторгу трофейных маньчжурских юаней, корейских и японских иен и китайских долларов ЦРБ(대외무역인민위원회에 전리품인 만주 위안, 조선 엔, 일본 엔과 중화민국 중앙은행 위안을 지출하는 것에 대하여)," ГАРФ. Ф. р-5446, оп. 47А, д. 3094. р.13.

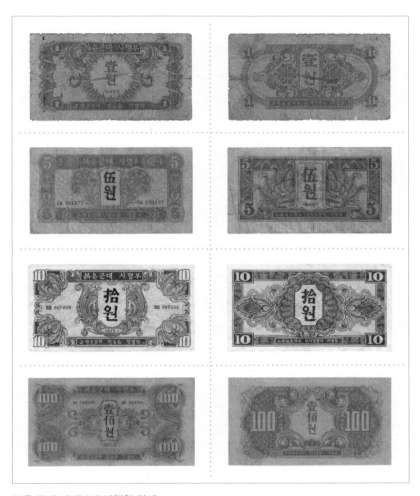

붉은 군대 사령부가 발행한 화폐

1945년 9월부터 10월까지 발행한 화폐의 총액은 4억 원이었다.[9] 각각의 지폐마다 키릴문자 2개와 숫자 6개로 만든 번호가 있었다.[10] 1949년에 나온

---

9   같은 글.

10 "Советская военная эмиссия в Корее(조선에서의 소련 군표)." http://www.fox-

북한의 조선중앙년감에는 이 군표가 9월 21일부터 사용되었다는 주장이 있는데, 이 주장은 다른 사료들과 일치하는 것 같다.[11]

　이 화폐는 1947년에 화폐 개혁이 실행될 때까지 소련이 점령한 조선반도 북반부에서 사용되었다.[12]

4. 북조선의 신문과 소련 당국

　식민지 정권이 무너졌으므로 신문을 발행하려는 여러 시도가 있었지만, 소련 당국은 이를 모두 무산시켰다. 이 시기의 신문을 이해하려면, 우선적으로 1945년 8월 15일 이후 사라진 식민지 신문을 알아봐야 한다.

　1945년 소일전쟁 이전에 북조선에서는 여러 종의 일본어 신문이 발간되었다. 일본어 신문으로는 ≪헤이조닛포(平壤日報)≫, ≪오코신포(鴨江日報)≫(신의주), ≪겐잔마이니치신문(元山每日新聞)≫, ≪헤이조니치니치신문(平壤日日新報)≫, ≪호쿠센닛포(北鮮日報)≫(청진), ≪호쿠센니치니치신문(北鮮日日新聞)≫(청진)[13] 등이 있었다. 일본 제국은 미나미 지로(南次郎) 총독 시대부터 '황민화' 정책을 실시하면서 조선어를 탄압했기 때문에 조선어 신문은 경성의 ≪매일신보≫ 소속인 ≪평양매일신보(平壤每日申報)≫ 하나밖에 없었다.

notes.ru /img/korea_ussr.htm

[11] 『朝鮮中央年鑑 1949』(평양: 朝鮮中央通信社, 1949), 233쪽.

[12] 1947년에 화폐 개혁에 대해서는 전현수의 논문을 참조하라. 전현수, 「1947년 12월 북한의 화폐개혁」, ≪역사와 현실≫, 제19권(1996.3), 175~218쪽 참조.

[13] 정진석, "[발굴] 식물학자 마키노(牧野富太郎)와 일제下 신문史", ≪월간조선≫. http://m.monthly.chosun.com/client/news/viw.asp?ctcd=&nNewsNumb=200605100014(검색일: 2017.10.10).

소련 군대의 진주가 예고되자 이 신문들은 폐간되었다. 평양에서 원래 ≪평양매일신보≫ 편집장이었던 주활석(Дю Хвал-сэк)은 8월 26일부터 '어떤 정당의 대변자도 아니고, 어떤 개인의 의견을 전달하지도 않고, 오직 인민대중의 생각만' 표현한다고 주장하면서, ≪인민신문≫이라는 중립적 신문을 발간하기 시작했지만 소련 당국은 이 신문이 '붉은 군대가 조선을 해방했다는 언급이 없으며, 일본인에 대한 증오가 한마디도 없고 대체로 일본인에게 어떤 태도를 취해야 하는지의 문제, 그리고 일본인들의 첩보망과 투쟁해야 하는 문제를 회피하고 있다'고 판단했다. 결국 9월 11일에 이 신문을 폐간시켰다. 같은 날에 함흥에서도 모든 신문들이 폐간되었다.[14]

그런데 놀랍게도, 소련 군대의 폐간 정책의 대상에는 일본 제국 기관이나 식민지 간부들이 발행하는 신문뿐만 아니라, 소련을 매우 긍정적으로 보는 공산주의자의 매체도 포함되었다.

붉은 군대가 조선에 오자 공산주의자들도 자기들의 신문을 발간하려고 했다. 함흥에서 공산당 조직은 ≪진리보(Правда)≫라는 신문을 2회 발행했고, 성진(Сендзин)에서 자치위원회는 ≪소식보(Известия)≫라는 신문을 등사기로 발행했으며, ≪소식보≫의 발행 부수는 500부였다.[15] 각각의 신문의 제목은 소련의 주요 신문 ≪프라우다≫와 ≪이즈베스티야≫의 번역이어서, 북조선 공산주의자들은 일부러 소련 신문과 같은 제목을 붙였다고 주장할 수 있었다. 그러나 제25군 군사위원회는 모든 신문의 발행 금지에 관한 제령을 공포했다.

이 결정의 이유에 대해서 확실하게 알 수 없지만, 소련 군대가 그 시점에

---

14 Борис Сапожников, "Положение в Корее: Информационная сводка(조선의 상태: 통보 보고)," pp.6~7.
15 "Печать и радио(출판물과 라디오)," ЦАМО РФ. Ф. УСГАСК, оп. 433847, д. 1. pp.64~70.

서 아직 북한을 공산화하라는 명령을 받지 못했기 때문에, 앞으로 어떤 정책을 시행할지 잘 몰랐고, 따라서 조선 공산주의자들이 주도권을 쥐는 것을 원하지 않았다고 추측할 수 있다.

그런데 미국의 점령지인 남조선에서는 신문들이 계속 발행되었으므로, 소련 당국은 이들과 경쟁할 수 있도록 자신들의 기관지를 발행하기로 결정했다. 9월 19일에 시킨(Иосиф Васильевич Шикин) 상장은 다음과 같은 명령을 하달했다.

> **비밀** 노동자·농민의 붉은 육군 총정치국장의 명령 제0312호
>
> 1945년 9월 19일
>
> 소련의 조선 점령지 주민들을 위하여 연해군구 정치부 소속의 조선어 신문을 발간하여야 함.
>
> 신문의 이름은 ≪조선신문≫으로 하고, ≪프라우다≫ 신문의 방식으로 4페이지를 1개 호로 하여 발행하고 발행 부수는……16천 부로 해야 함.
>
> 노동자·농민의 붉은 육군 총정치국장
>
> 이오시프 시킨 상장[17]

≪조선신문≫은 나중에 발행되었는데,[18] 소련 장교들은 북조선에서는

---

16 숫자는 분명치 않다. 그러나 같은 주제에 대한 볼셰비키당 정치국의 결정에서 부수가 '10만 부'로 나와 있어서, 이 결정서에 같은 숫자가 나온 것은 거의 확실하다. "Решение Политбюро ЦК ВКП(б) об издании 'Корейской газеты' для населения Северной Кореи[북조선 주민들을 위한 ≪조선신문≫을 출판하는 것에 대한 전 연방 공산당(볼셰비키) 중앙위원회 정치국의 결정]," Из протокола No.46, пункт 325, РГАСПИ. Ф. 17, оп. 3, д. 10531. p.73 참조.

17 "Иосиф Шикин, Приказ начальника Главного политического управления Рабоче-Крестьянской Красной армии(노동자·농민의 붉은 육군 총정치국장의 명령서)," ЦАМО РФ. Ф. 32, оп. 795496с, д. 13. p.376а.

10월 15일까지 어떤 신문도 발간되지 않았다고 보고했다.[19]

5. 표도로프와 립시츠의 보고 요지

게오르기 표도로프(Георгий Александрович Фёдоров) 중령은 소련 군대의 직업 군인이었고, 독소전쟁에서는 레닌그라드 지역에서 벌어진 여러 전투에 참가했다. 유대인 출신인 유리 립시츠 소령은 영어와 일본어를 유창하게 구사할 수 있었던 일본 전문가였다. 일본의 항복 이후에 이들은 표도로프와 친했던[20] 연해군구 정치부장 콘스탄틴 칼라시니코프(Константин Фёдорович Калашников)[21] 중장으로부터 북조선의 농업 제도를 알아보라는 명령을 받고 북조선으로 출장을 떠났다.

이들은 조선에서 목격한 일에 충격을 받았다. 붉은 군대 군인들의 행위는 모든 소련 선전에 나오는 '해방군'이나 '근로 인민의 수호자'와 절대로 어울리지 않았다. 표도로프와 립시츠의 임무는 농업 제도의 연구였지만, 이들은 자발적으로 조선의 현 상태에 대해 상세한 보고 요지를 작성해 칼라시니코프 중장에게 제출했다.[22]

이 문서에는 당시 북조선의 정치, 경제, 사회에 대해 아주 객관적이고 세

---

18 현재 접근할 수 있는 사료들에서는 창간 날짜를 확인할 수 없다.

19 "Печать и радио(출판물과 라디오)," ЦАМО РФ. Ф. УСГАСК, оп. 433847, д. 1. p.66.

20 Константин Калашников, *Право вести за собой*(영도의 권리)(Москва: Воениздат, 1981). http://militera.lib.ru/memo/russian/kalashnikov_kf/07.html(검색일: 2017.10.10)

21 오해를 피하기 위해서, 필자는 콘스탄틴 칼라시니코프 중장은 AK 돌격소총을 개발한 미하일 칼라시니코프 중장과 완전히 다른 사람인 것을 강조하고 싶다.

22 Фёдоров, Лившиц, "Докладная записка(보고 요지)," ЦАМО РФ, Разные материалы, поступившие из Гражданской администрации Северной Кореи(주북조선 민간관리부에서 받았던 여러 가지 문서), Ф. 172, оп. 614631, д. 37. pp.14~32.

게오르기 표도로프*   유리 립시츠**

* 게오르기 표도로프는 1908년 12월 16일에 태어났다. 레닌그라드 종합기술대학교를 졸업해 준박사(準博士, кандидат наук) 학위를 받았고 철학 강사로 일했다. 1941년에 독소전쟁이 발발한 이후에 정치장교로 복무했고, 주로 고향 레닌그라드를 지키기 위한 전투에 참가했다. 1945년 8월 27일에 중령으로 진급했고, 북조선에서 복무했다. 1950년에 대령으로 진급했고, 1964년에 철학 종합박사(綜合博士, доктор наук) 학위를 받았으며, 같은 해에 세상을 떠났다. 표도로프는 전쟁에 대한 이야기를 나누는 것을 싫어했고, '전쟁이 아주 어렵고 더러운 일'이라고 자주 말했다.

** 붉은 교수단 대학교(Институт красной профессуры)를 졸업한 유리 립시츠 준박사는 일본어 및 영어를 유창하게 구사했다. 일본 전문가였던 그는 1940년대 『일본의 무산 계급과 중국과의 전쟁(*Японский пролетариат и война в Китае*)』(Москва: Профиздат, 1940)이라는 책을 썼고 출판했다. 그 후 국영 통신사에서 일하다가, 소일전쟁이 발발한 이후 지원병으로 입대했다. 제대한 후에는 모스크바 투시노(Тушино) 구에서 살았고, 1972년에 별세했다. Лившиц, Юрий Давыдович, *Бессмертный полк*(불멸하는 연대). http://polkszao.ru/kniga-pamyati/bessmertnyiy-polk/835/livshits_yuriy-davyidovich(검색일: 2017.10.10) 참조.

부적인 정보가 나온다. 1945년 당시 이러한 사료는 거의 유일한 것이라고 생각된다. 보고 요지의 번역문과 원문은 이 책 부록에 수록했고, 이 장에서는 보고 요지의 내용을 요약하고 논평할 것이다.

북조선의 경제는 파괴 상태였다. 공장은 작동을 멈췄고, 기차는 운행하지 않았으며 생산 자체가 거의 멎어버렸다. 붉은 군대의 공출 계획에 따라, 농민들의 거의 모든 소출은 붉은 군대에게 빼앗기게 되었다. 공업 활동이 중지되었기 때문에, 농업에 필요한 비료가 부족해서 북조선의 일부 지역은 농업 붕괴로 인한 기근의 위험에 처했다. 붉은 군대의 병사, 심지어 일부 장교까지도 부도덕적인 행위, 그리고 범죄를 저지른 자들이 많았다. 조선인을 폭행하고 재산을 강탈하며, 조선 여자들을 강간하고, 술에 취해 밤새 공중에 총을 쏘는 것 등의 행동은 거의 일반적인 일이었다. 소련 당국은 일본인을 특정 지구에 수용했는데, 이 지구는 끔찍하게 밀집되어 있으며 비위생적이기 때문에, 날마다 일본인 수십 명이 목숨을 잃고 있었다. 그뿐만 아니라, 제25군 사령관 치스탸코프 상장은 주민들을 도와주려고 노력하는 로마넨코 소장과 그의 직속 장교들이 한 제안을 거부했다. 예컨대, 그는 굶어 죽는 일본인들에게 쌀을 제공하는 것을 금지했다.

이상의 보고 요지는 바로 이 끔찍한 상태에 대한 표도로프 중령과 립시츠 소령의 반응이었다. 치스탸코프 상장의 정책을 중단시킬 수 있는 사람은 연해군구 사령관 메레츠코프 원수뿐이었다. 물론, 영관급 장교가 직접 원수에게 보고하는 것은 어려웠기 때문에, 그들은 표도로프 중령과 절친한 칼라시니코프 중장에게 보고 요지를 전달했고, 앞으로 로마넨코 소장의 그루빠를 치스탸코프 상장의 제25군 소속에서 군구 군사위원회 직속으로 만들 것을 요청했다.

이 시기의 일반적인 소련 군대 보고서를 보면 표도로프와 립시츠가 얼마나 용감한 장교였는지 느낄 수 있다. 당시 소련군의 문서는 대부분 내용도, 양식도 비슷했다. 기밀 자료에서는 보통 '조선 인민은 일제 통치하에서 매우 고생했지만, 위대한 아군이 해방해주어서 매우 기뻐하고 있으며, 소비에트 연방과 스탈린 동지에 대해 아주 고맙게 생각합니다. 물론 여러 가지 문제가 남아 있고 불만이 있는 분자가 있지만, 가까운 미래에 처리하겠습니다'와 같은 내용으로 작성되었고, 공개 자료에서는 문제점에 대한 언급조차 없었다. 아주 좋은 보고의 경우에도, 아래처럼 간단하게 언급하고만 있다.

　붉은 군대 병사들 중에 [병사에게] 어울리지 않는 행동을 하는 사람들이 있습니다. 민족주의, 친일 그리고 친미 분자들은 이 사실을 이용합니다.

　평양에서 사는 조선인 송익산(Сон Ик Сан) 노인은 '우리의 재산 전부를 받으시고 제발 우리 여성들을 건드리지 마십시오. 우리는 붉은 군대를 가장 신성한 것처럼 기다렸는데 당신들 중에 우리의 존엄을 모독하고 우리 풍습을 모욕하는 사람들이 있습니다'라고 했습니다.

　일부 군인들의 [군인에게] 어울리지 않는 행동이 발생하는 사실들은 주민들 속에서 부정적인 여론의 근본을 만들고 [결국] 인민의 적들이 사용할 수 있는 것이 됩니다.[23]

　주민에 대한 폭행과 범죄의 규모를 숨기지 않고, 솔직하게 보고하는 문서는 매우 드문 것이었다. 소련 장교들은 이런 문제에 대해 보고할 동기가 없었다. 주민의 불만, 군인의 범죄 등 부정적인 현실을 보고하면 상관들이 만족하지 않아서 본인이 처벌을 받을 수도 있었으며, 대체로 좋은 일들만 보고하는 것이 '소련이 근로 대중을 해방하는 가장 진보적인 나라'라고 주장

---

[23] "Донесение о политическом состоянии населения Северной Кореи(북조선 주민의 정치 상태에 관한 보고)," 19 сентября 1945 года, ЦАМО РФ. Ф. 234, оп. 3225, д. 47.

하는 국가의 사상과 아주 잘 맞기 때문에, 가장 안전한 방식이었다. 이 때문에 소련 당국은 많은 경우 객관적인 정보를 받지 못했다. 여기서 가장 대표적인 사례는 1948년에 진행된 최고인민회의 선거였다. 북한은, 남한에서도 이 선거가 지하에서 진행되었고, 전체 남한 인구의 77.52%가 선거에 참가했다고 주장한다. 이 분명한 거짓말을 소련 공식 비밀 보고서에서 찾을 수 있다.[24]

'표도로프와 립시츠의 보고 요지'와 같은 문서를 작성하는 것은 참으로 위험한 것이었다. 이들은 치스탸코프 상장을 비롯한 다양한 고급 장교들을 직접 비난한 것보다도, 보고 요지에서 상관에게 소련 군인의 범죄를 예외적인 일이라고 보고하지 않았기 때문에 '붉은 군대를 비방하는 반혁명 분자'로 숙청당할 수도 있었다. 그러나 두 대담한 장교는 북조선 주민들을 위해 진실을 있는 그대로 보고했다.

6. '5도 인민위원회 연합회의' 조작?

소련은 조선을 합병할 계획이 없었다. 언젠가 조선에서 형식상의 독립 정권을 세워야 했다. 이 정권 설립의 첫 단계는 언제였는가?

여러 가지의 기존 연구들에서는[25] 그 첫 단계를 10월 8일부터 11일까지 평양에서 진행된 '5도 인민위원회 연합회의'로 보고 있다. 소련 자료에서도

---

[24] "Доклад об итогах работы Управления Советской Гражданской Администрации в Северной Корее за три года(август 1945 г. - ноябрь 1948 г.)[3년간(1945년 8월부터 1948년 11월까지) 주 북조선 소련 민간관리부의 사업 결과에 관한 보고]," p.49.

[25] 서동만, 『북조선사회주의 체제 성립사: 1945~1961』(서울: 선인, 2005), 77쪽; 정해구, 「북조선임시인민위원회 북조선인민위원회 연구」, ≪國史館論叢 1≫, 第54輯(1994.08), 237~262쪽.

이 회의에 '대표자 170명이 참석했고', 각 분과 회의마다 소련 장교로부터 지도를 받고, 회의에서 채택된 모든 제안들은 제25군 군사위원회의 승인을 받은 이후에야 효력이 발생하게 되었다는 보고서를 찾을 수 있었다.[26] 하지만 나중에 니콜라이 레베데프는 이 회의가 조작이었던 것을 고백했다.

　　실제로는 조선인은 한 명도 이 회의에 참석하지 않았어요. 소련 군사 지도자와 정치적 지도자들만 참석했어요. 나는 그때 행정 책임자로 임명됐거든요.[27]

　　참가자들은 5개의 분과로 나눠지게 되었는데 지방 자치기관 행정 분과는 레베데프 소장, 공업 분과는 로마넨코 소장, 농업·무역 및 공출 분과는 푸르소프(Иван Сергеевич Фурсов) 소장, 재정 분과는 카르포프(Карпов) 중령 그리고 철도 분과는 자하로프(Захаров) 중령이 지도했다. 소련 자료에서는, 이 회의에서 치스탸코프 상장이 했다고 하는 연설의 전문도 찾을 수 있었지만, 회의 자체가 조작인 것 같아서, 치스탸코프 상장이 이 연설을 한 일이 없었을 가능성이 매우 높다.

　　이 회의에서 소련 장교들은 북조선의 정치적·경제적 상태를 파악했다. 이들의 평가는 주로 부정적이었다. 광산 중에 절반 이상이 파괴되거나 폐광되었다. 전기도 부족했다. 우체국, 전신국 등 체신 기관들, 경공업, 철도 등도 거의 가동을 중지한 상태였다. 보건 제도의 상황도 좋지 않았고, 티푸스, 천연두, 이질, 디프테리아, 뇌막염에 걸린 조선인들이 허다했다.

---

[26] "Доклад об итогах совещаний представителей временных провинциальных комитетов северной Кореи(북조선 임시 도위원회 대표자 회의의 결과에 관한 보고)," Военному Совету Приморского Военного Округа. ЦАМО РФ. Ф. УСГАСК, оп. 433847, д. 1. pp.1~26.

[27] 안드레이 란코프가 니콜라이 레베데프 소장과 한 인터뷰, 1989년 11월 13일.

교육 분야의 상태는 상대적으로 좋은 편이었다. 9월부터 조선인 학교들이 문을 열었다. 일본인 교원들은 일자리를 상실했고, 교육에서 사용하는 언어도 다시 조선어가 되었다. 그런데 학교는 교과서, 교육과정안 등이 부족하다는 문제점이 있었다.

소련 당국은 경제 관리를 위하여 트레스트[28] 설치에 관한 결정을 내렸고, 전문가가 부족하기 때문에 석탄 공업과 같은 분야에서 일본인도 고용하겠다고 결정했다.

7. 치스탸코프 상장의 정당에 관한 제령

김일성이 등장하기 직전의 소련군 결정서들 중에 하나는 10월 중순에 나온 치스탸코프 상장의 제령이다.[29] 이 제령은 '반일 민주주의적 정당' 설립을 허가했지만, 앞에서 본 것처럼 이때 이미 북조선에서 수많은 정당이 존재했다. 이 제령은 정당들이 무조건 소련 사령부에 등록해야 한다고 규정했다. 제령의 실제 목적 중에 하나는 등록 제도를 이용해 조선인의 정치 활동을 통제하는 것이라고 할 수 있다.

제령의 내용을 9월 20일에 나온 스탈린의 명령과 비교하면 공통점이 매우 많아서, 어떤 관점에서는 이 제령이 스탈린의 명령을 집행한 것으로 볼 수 있다.

---

[28] 트레스트(трест)의 어원은 영어 trust지만, 소련에서 이 단어는 주로 공사(公社)를 의미했다.

[29] 이 제령의 번역문은 1949년 판 『조선중앙년감』에 최초로 실렸지만, 필자는 정확성을 위하여 러시아어 원문을 한국어로 번역했다.

북조선에 주둔한 소련 제25군 사령관의 명령

10월 11일

평양시

I

붉은 군대는 만주와 북조선에서 일본 군대를 쳐부수었다. 쳐부숴진 일본 군대는 항복할 수밖에 없었다. 30년 이상 제국주의 일본의 식민지였던 북조선은 일본 제국주의자들로부터 해방되었다. 붉은 군대는 북조선에서 정복자들을 쳐부술 목적으로 진입했다. 붉은 군대는 조선에서 소비에트 질서의 도입이나 조선의 영토를 획득하려고 하지 않는다. 북조선 국민의 개인 또는 공공재산은 소비에트 군사 주권의 보호를 받는다.

II

다음과 같이 명령함.

1. 북조선에서 일본 제국주의 흔적의 완전한 제거, 또한 민주주의의 기본과 국민의 자유를 강화하는 것을 목적으로 하는 반일 민주주의적 정당의 설립을 허가함.

2. 북조선 근로 인민에게 자유 노동조합, 사회보험국(страховая касса), 문화 계몽 단체 설립 권리를 줌.

3. 사원 등 종교 기관에서 종교적 의식 또는 의식의 진행을 금지하지 않음.

4. 상기 제1, 2항에서 언급된 반일 정당과 민주주의 단체들은 즉시에 자기 규약이나 강령을 현지 자치기관 또한 군(軍) 경무사령부에 등록하고, 자신들의 구성원 목록도 제출하여야 함.

5. 북조선에 있는 모든 무장 부대들은 해산하고, 모든 무기, 탄약, 군사용 물품을 소련 군사 사령부에 공출하여야 함.

6. 민간인들의 질서를 유지하기 위하여 임시 도(道)위원회에 경찰 부대를 설립하는 것을 허가함. 이 부대의 구성원 규모는 소련 사령부와 상의해 결정됨.

III

북조선 주민들은 자기 평화적 노동을 계속하고, [소련군은] 공업, 상업, 도시 경영 등 기업소의 사업을 보장하며, 소련 군사 당국의 요구와 지시에 협력하고, 사회질서를 유지하는 데 협조하자고 호소함.

북조선에 주둔한 소련의 제25군 사령관
근위 상장 치스탸코프(서명)
소련의 제25군 총참모장
근위 중장 페니콥스키(서명)

소련 자료에 따르면, 이 제령의 원고는 10월 10일 준비되었고,[30] 10월 11일에 하달되었다.[31] 그런데 1949년에 나온 북한의 『조선중앙년감』에서는, 이 제령의 공포 날짜가 10월 12일이라고 주장했다.[32] 이 차이를 설명하기가 어렵지만, 제령은 소련 군대에서 공포한 것이기 때문에 소련 자료를 신뢰해야 한다.

기존 연구에서는 이 제령이 중요하다고 분석했고,[33] 서론에서 전술(前

---

30 "Приказ командующего Советской 25 армией в Северной Корее(북조선에서 소련 제25군 사령관의 명령서)," ЦАМО РФ. Ф. УСГАСК, оп. 433847, д. 1. pp.26~27.

31 국사편찬위원회, 문서수집번호 0103093.

32 『朝鮮中央年鑑 1949』(평양: 朝鮮中央通信社, 1949), 58쪽.

33 이런 주장은 서동만, 『북조선사회주의 체제 성립사: 1945~1961』(서울: 선인, 2005), 76쪽에서 볼 수 있다.

述)한 바와 같이 이 제령을 북조선에서의 정치 활동 시작점으로 보았다. 그런데, 실제로 이 제령이 공포된 때부터 소련은 전체 북조선의 거의 모든 정치 활동을 더 심하게 통제했고, 제령 공포 며칠 후에 김일성을 중심으로 하는 공산주의 정권의 설립 과정이 시작되었다.

제5장

김일성 옹립의 과정

1. 김일성 대위

10월까지 북조선 정치에서 김일성이라는 인물은 등장하지 않았다. 그 때 소련은 북조선의 형식상 지도자로 누구를 선택할지 아직 결정하지 않았기 때문이다. 김일성 자신은 1945년의 초가을까지 붉은 군대의 대위에 불과했다. 자신이 나중에 나라의 영도자가 될 것은 상상하지도 못했다.

스탈린이 어째서 바로 이 사람을 선택했는지 이해하려면, 김일성의 1945년 이전 생애를 파악해야 한다. 이 주제에 관한 연구들 중에 제일 자세한 것은 서대숙의 『북한의 지도자 김일성』[1]인데 이 책에는 김일성의 어린 시절과 만주에서 그가 한 항일운동에 관한 자세한 서술이 나온다.

---

[1] Dae-Sook Suh, *Kim Il Sung: The North Korean Leader*(New York: Columbia University Press, 1988).

1) 고향과 생년월일 문제

일반적으로 김일성(본명 김성주)이 1912년 4월 15일에 평안남도 만경대에서 태어났다고 한다. 그런데, 러시아에서 나온 정보는 이에 대해 의심스럽게 생각하게 만든다.

1984년, 소련에서는 1946년 3월 1일에 김일성의 목숨을 구한 소련군 소위 노비첸코(Новиченко)의 일생을 다룬 <영원한 전우>라는 영화를 만들려고 했는데, 당시에 조감독이었던 보리스 크리시툴(Борис Криштул)은 이 영화를 만들기 위해서 레베데프 소장과 인터뷰를 했다.

이 인터뷰 내용은 2011년에 ≪소베르셴노 세크레트노(극비)≫라는 잡지에 발표되었다. 레베데프 소장은 1945년 10월 이뤄진 김일성의 첫 번째 만경대 방문에 대해 다음과 같이 증언했다.

미국의 한 매체에서 김일성이 인민의 대표가 아니고 크렘린의 앞잡이라는 암시가 더 자주 나오게 되었습니다. 시간이 지나면서 미래의 '수령'이 외국 기자와 만날 순간이 불가피하게 다가왔습니다.

이 주요한 만남을 위하여 미연에 김일성의 고향이 되어야 할 마을이 선택되었습니다. 나중에 이 마을은 광대한 기념관이 되었거든요. 마을 주민은 '자발적으로'('누설하면 너를, 또한 너의 가족을 사형할 거야') 김 씨가 바로 "이 빈곤한 집에서 태어나고 어린 시절에 이 오솔길로 이리저리 뛰었다"고 증언하는 것에 동의했지요. 집과 오솔길을 올바르게 설명하지 못하는 사람들은 마을에서 추방됐고, 그 집을 '1호 집'과 '1호 오솔길'로 명명하고 이를 잘 알고 있는 사람들에겐 선물을 주었습니다.

…… 김 씨가 '고향의 마을'에 들어가자마자, 모든 곳에서 행복한 눈물을 흘리는 주민들이 모여 꽃을 주고, 노래 부르고 춤을 추는 연회를 열었습니다. 김

일성을 끝없이 껴안고 찬양했습니다. '동료 마을 사람' 역할을 한 범죄자 출신 한 사람은 '사랑하는 김일성'을 너무 심각하게 껴안아 김 씨의 호흡이 멎었습니다.[2]

박일[3]도 "'수령님'의 공식 고향 만경대에는 김일성이 태어났다는 집이 아예 없었다"고 증언한 적이 있다.[4]

『전쟁의 불 속의 한반도』라는 연구에서는 김일성이 실제로 1912년 4월 15일이 아니라, 12일에 태어났다는 주장도 있다. 아쉽게도 책에서 이 주장의 증거가 되는 문서에 대한 언급이 없다.[5]

문제는 현재까지 접근 가능한 1945년 이전의 문서나 자료 중에 김일성의 확실한 출생지나 출생 날짜를 확인하는 문서가 없어서, 어느 주장을 믿어야 하는지 알 수 없다는 것이다. 한편으로, 김일성이 '4월 15일에 만경대에서 태어났다'고 주장하는 북한 당국은 김일성에 관련된 역사를 매우 심하게 왜곡했기 때문에, 그들의 주장은 신뢰성이 매우 낮다. 다른 편으로, 반대 의견도 그것을 증명할 수 있는 문서가 없다. 현재까지 김일성의 출생지와 생일에 관해 최종 결론을 내릴 수 없다고 할 수 있다.

---

2   Анатолий Журин, "Сделан в СССР[소련제(蘇聯製)]," *Совершенно секретно*, No.9 (сентябрь 2011 г.).

3   박일(소련 이름 표트르 곽, Пётр Александрович Пак)은 북조선의 고려인 간부들 중에 한 명으로 1946년부터 1948년까지 김일성종합대학 부총장이었다. 그는 김일성에게 마르크스·레닌주의를 가르친 적이 있다.

4   Андрей Смирнов, "Как Советская Армия внедрила в Северную Корею президента Ким Ир Сена и его правительство(소련 군대가 어떻게 북조선에 김일성 주석과 그의 정부를 도입시켰는가)," *Совершенно секретно*, No.8(1992), pp.10~11.

5   И. М. Попов, С. Я. Лавренов, В. Н. Богданов, *Корея в огне войны: к 55-летию начала войны в Корее 1950~1953 гг.*(『전쟁의 불 속의 한반도』: 1950~1953년의 한국 전쟁 발발 55주년)(Москва: Кучково поле, 2005), pp.41, 524.

2) 만주 빨치산 김일성

김일성의 가족은 만주로 이민했다. 그는 만주의 중국 학교에서 공부하다가 불법 활동에 참가해 퇴학당했다. 부모가 사망한 이후 김일성은 중국인의 항일 빨치산 조직에 입대했다. 김일성과 그의 부대는 일본군이나 만주국 군대와 투쟁하다가 필요한 식량을 얻기 위해 농민들을 약탈한 적도 있다. 그런데, 일본 황군이 빨치산을 아주 강력히 탄압해서 황군에 체포되거나 사살될 위기에 직면하자, 김일성은 소련이 그의 부대를 환영할 것이라고 기대했고, 따라서 소련으로 도피했다.[6]

만주에서의 김일성의 투쟁에 관련 연구 중, 위에 언급된 서대숙의 연구 단행본 외에도 와다 하루키의 『김일성과 만주항일전쟁』[7] 등 깊게 파악한 연구들이 있어 여기에서는 이 시절에 대한 자세한 서술이 불필요한 것 같다. 반대로, 김일성의 소련으로의 도피, 그리고 그가 붉은 군대에 복무하던 시절에 대한 연구가 부족해서 필자는 이 시절에 집중했다. 그러나 서대숙과 와다 하루키가 연구에서 언급하지 않은 한 중요한 에피소드에 대한 이야기가 필요한 것 같다.

3) 김일성은 깡패였나?

러시아 자료에서, 김일성이 중국공산당의 동북항일연군(東北抗日聯軍)에 입대하기 전에 깡패 우두머리였다는 주장을 볼 수 있다. 이 주장은 사실이라고 주장할 수 없으며, 현재 사실 여부를 확인하기가 어렵지만, 독자들이 이

---

6 Dae-Sook Suh, *Kim Il Sung: The North Korean Leader*, pp.3~4.
7 和田春樹, 『金日成と満州抗日戦争』(東京: 平凡社, 1992). 한국어 번역서: 와다 하루끼, 『김일성과 만주항일전쟁』, 이종석 옮김(파주: 창비, 1992).

에 대해 직접 판단할 수 있도록 서술하겠다.

　첫째 출처는 안드레이 란코프가 이반 로보다(Иван Гаврилович Лобода)와 한 인터뷰이다. 로보다는 중국어를 구사할 수 있는 장교로서 1940년대 초기에 붉은 군대 88여단에 복무한 사람이었다.

> 저는 제88여단에서 1944년부터 일하게 되었지만, 이전에 나왔던 [여단] 자료도 볼 수 있었어요. 우리는 이 여단 당위원회 회의록을 봤는데, 이 회의록에서 김일성이 원래 제13항일군에 입대하기 전에 공산주의자들을 죽였고, 농민까지 강탈했다는 주장이 있었어요. 즉, 그가 일반 훈후스(хунхуз)[8] 패당의 우두머리였다는 주장이었어요. 그런데, 사실인지 모르겠고, 확실하게 말씀을 드릴 수도 없어요. 이 회의록은 지금 어디에 있을까? 일부는 알렉산드르 아가토프(Агатов)가 가지고 있었는데 그는 교통사고로 사망해서 문서들이 갑자기 사라졌어요. 문서의 대부분은 아마 이미 파괴된 지 오래된 것 같아요. 어떤 의도로 진행된 것도 아니고, 그저 우리의 일반적인 태만으로 벌어진 거죠. 시급히 쓴 한자들이 적혀 있는 질이 나쁜 찢어진 종잇조각들을 누가 필요로 하겠어요?
>
> (이반 로보다와 한 인터뷰, 1990년 11월)

　두 번째 출처는 1993년에 러시아 잡지 ≪노보예 브레먀(Новое время)≫에서 나온 기사이다.[9]

> 여단에서 당 조직 회의들이 자주 진행되었고, 이 회의에 참가하는 자는 각

8　훈후스는 만주에 있었던 강탈 범죄 집단 일원을 지칭하는 러시아어 명칭이다. 어원은 중국어 '홍후지(紅鬍子, 홍호자)'라는 단어이다.

9　Георгий Туманов, "Как изготовляли великого вождя(위대한 수령을 만든 과정)," *Новое время*, No.16(1993), pp.32~34.

대대의 공산당 당원 중에 선출되었다. 나는 이 회의들에 참가할 의무가 있었다. 심심한 일이었지만, 잠깐이라도 잘 수 없었다. 연설자들은 말을 하는 것이 아니라, 광란적으로 외쳤고, 자제를 하지 못하는 경우도 있었다. 한번은, 1944년 7월에는 중국인들의 표현에 따르면 '개미 떼에 막대기를 놓아 버렸다'와 같은 사건이 벌어졌다. 중국인 대대 정치위원은 김일성과 그의 부하가 중국 지린성(吉林省)을 기습했을 때 공산주의자와 빨치산을 총살한 사실을 알려주었다. 그는 살해당한 사람들의 이름도 말해주었고, 범죄가 벌어진 위치도 알려주었다. 추가로 김일성의 집단은 현지 주민들을 무자비하게 강탈한 훈후스의 패당 둘과 아주 친밀했다고 얘기했다.

대단한 소란이 벌어졌다. 여단에서 일본인이나 장제스 군대 군인을 죽이는 것은 거의 공훈으로 봤지만, 자기네 사람, 공산주의자를 죽인 경우는 처음이었다. 많은 사람들이 잡을 수 있는 모든 물건을 잡으면서 자리에서 연달아 뛰어 일어섰다. 결국 중국공산당 당원 2명, 바로 여단장 저우바오중(周保中)과 정치위원 리자오린(李兆麟)이 어느 정도 질서를 세웠다. ……

회의는 김일성에게 설명할 것을 요구했다. 그는 부인(否認)하거나 다른 사람들에게 책임을 씌울 수도 있었지만, 모든 것을 부인하지도 않았고 책임을 졌다. 그는 친히 총살형을 집행한 적이 있다고 자백했고, 공산주의자가 아니라 트로츠키주의자들을 사형시켰다고 했다(물론 그 때 김 씨는 트로츠키라는 볼셰비크가 무엇을 위해 싸웠는지도 몰랐다). 그러나 조선인 대표자들에게 항상 과도하게 컸던, 아첨하는 고함 소리와 박수갈채가 나오지 않았다…… 김일성은 이것을 나쁜 징조로 봤다. 자기네 사람들도 지지하지 않으니까…… 바로 이 자리서 대대장의 운명을 결정하라는 목소리까지 나왔다. 그러나 나중에 소련 동지들과 상의하도록 결정했다.

다음날 아침 나는 조선인 대대의 참모 가건물에 들어갔다. 가건물 안에서 병사 변소와 같은 냄새가 나고 있었다. 미국제 주정(酒精)을 꽤 많이 마신 김일성이 벤치에 누워서 돼지 먹따는 소리를 내고 있었다. 그의 촉탁관(囑託官) 이 '대대장의 입은 마르고 비어 있지만, 그의 바지 속은 절대 그렇지 않다'는 말을 했다.

며칠 동안 대대는 모스크바에서 올 결정을 불안하게 기다렸다. 모든 사람들은 중대한 조치를 기다렸다. 그리고 어느 날 대대장을 해임하지 않는다는 청천벽력과 같은 소식이 나왔다. 모스크바 측의 이러한 결정에 침묵의 반응이 나왔다. 어떤 사람들은 화를 내면서 이를 뿌득뿌득 갈았고, 다른 사람들은 그냥 어깨를 으쓱했고, 만족한 듯이 미소를 지은 사람들도 있었다.

위의 사료들을 분석해보자. 한편으로 두 개의 증언이 있어서, '김일성 고발 사건'이 실제로 있었다고 결론을 내릴 수 있는 것 같다. 그러나 여기에는 문제가 하나 있다. 두 번째 칼럼의 저자 이름인 '투마노프(Георгий Афанасьевич Туманов)'는 필명인데, 이 필명을 사용한 사람은 바로 첫 번째 인터뷰 대상자인 이반 로보다였을 가능성이 높아 보인다.[10]

첫째, ≪노보예 브레먀≫에 '필자는 칼럼을 죽은 친구의 이름으로 서명해 달라고 했다'는 설명이 나왔다. 즉, '투마노프'[11]는 필명이다. 둘째, 기사에서 "항상 과도하게 컸던, 아첨하는 고함 소리와 박수갈채(льстивые выкрики и рукоплескания, которые всегда были преувеличенно громкими)"라는 조금 이상한 표현이 나왔다. 1985년에 나온 로보다가 쓴 책에서는 "고함치는 연설이 과도하게 크도록 요구했다(требовала, чтобы льстивые речи всегда были преувеличенно громкими)"[12]라는 비슷한 표현이 나왔다.

---

10 이 가설을 처음에 제시한 필자의 아버지 콘스탄틴 쩨르치즈스키께 감사드린다.

11 실제 게오르기 투마노프, 즉, ≪노보예 브레먀≫에 게재된 칼럼 필자의 친구는 극동전선 간부부 상급 보좌관이었다. 군사 계급은 소령이었다.

12 Иван Лобода, *Корейская мозаика*(Москва: Наука, 1985).

둘째, 이 사건 자체에 대한 이야기는 로보다의 인터뷰와 투마노프의 칼럼에 나온 것 외에는 없다. 이것은 또 하나의 증거라고 볼 수 있다. 셋째, 나중에 로보다의 인터뷰에도, 투마노프의 칼럼에서도, 미소공동위원회에서 소련 측의 대표였던 테렌티 시트코프(Терентий Фомич Штыков)가 나중에 주헝가리 소련 대사가 된 다음에, 헝가리 지도자 가다르 야노시(Kádár János)에게 '너를 처형시키지 않아서 참으로 아쉬워'라고 했다는 소문에 대한 이야기가 나왔다. 이 소문에 대해 언급한 사료가 없는 것 같다. 따라서 '투마노프'는 로보다의 필명으로 보인다.

인터뷰와 칼럼의 내용은 약간 다르다. 인터뷰에서 로보다는 직접 김일성을 고발하는 장면을 목격하지 않았다고 말하는 반면에, 투마노프는 직접 봤다고 주장했다. '투마노프'가 실제로 로보다였다고 한다면, 그는 칼럼에서 상상력을 써서 과장하고 작은 거짓말을 했다고 볼 수 있다. 한편으로, 실제로 사건을 본 사람과 이야기한 다음에 '투마노프'라는 공동 필명으로 칼럼을 발표했을 가능성도 없지 않다. 아무튼, 이 사건에 있어서 알 수 없는 부분들이 너무 많고, 이 사건에 대한 기록이 남아 있지 않았을 가능성이 커 보인다.

필자는 현재 시점에서 생각할 때, 김일성 고발 사건이 실제로 있었을 가능성이 높아 보이지만, 김일성이 실제로 훈후스와 함께 공산주의자 학살을 했는지 입증하는 사료도 그리고 반증하는 사료도 부족하다고 본다.

4) 김일성의 소련으로의 도피

1969년 북한에서 중국으로 탈출한 여정(呂政)(가명)의 회고록에서는 그와 김동규(나중에 북한 국가 부주석을 역임)가 했던 대화를 요약한 부분이 있다. 필자는 이 부분을 간략하게 소개하고자 한다. 김동규의 말에 따르면, 1940

년 초겨울[13]에 '김 장군은 아무래도 소련에 넘어갈 수밖에 없다고' 결정했고, 부대는 만주국과 소련 국경선으로 이동하기 시작했다. 낮에는 숲속에서 자고 밤에 걸었다. 마침내 한 마을에서 코가 큰 백인을 보고는 여기가 소련 땅이 아닐까 생각하게 되었다. 하지만 만주국에도 백인이 있기 때문에 조심하자고 하는 부대의 전사들도 있었다. 그런데, 김동규는 누가 부르는 인터내셔널가(歌)를 들었고 여기가 확실히 소련인 것을 알게 되었다. 전사들은 마을 주민들과 만난 순간에 손가락으로 자신을 가리키면서 '빨치산, 만주 빨치산'이라고 했는데, 주민들은 놀라워하면서 이들을 환영했다.

소련 당국은 곧 빨치산에 대해 알게 되었고, 군인 다섯 명이 마을에 파견되었다. 군인들은 빨치산의 총을 압수하고 몸수색을 했으며 먹을 것도 주었다. 1주일 동안 빨치산들은 특별 수용소에 구류되어 검토를 받았으며 나중에 이들을 특별 부대에 입대시킨다는 결정이 나왔다. 이 부대는 바로 88여단이었다.[14]

2. 88보병여단

붉은 군대 88여단은 당시 극동전선 사령관 이오시프 아파나셴코(Иосиф Родионович Апанасенко) 대장의 명령 제00132호에 따라서, 1942년 7월 21일에 설립되었다. 같은 해 7월 30일에 국방 인민위원회 위원 보좌인 예핌 샤덴코(Ефим Афанасьевич Щаденко)의 명령으로 여단은 '88독립보병여단' 편성 명령을 받았고, 가상 명칭 '8461부대(в/ч 8461)'도 얻었다.[15]

---

13 서술이 명확하지 않지만, 이 겨울은 1939~1940년이 아니라, 1940~1941년의 겨울인 것 같다.

14 呂政, 『붉게 물든 대동강』(서울: 동아일보사, 1991), 113~116쪽.

이 여단은 정찰·견제 작전을 수행하는 특별 여단이어서 전선의 정찰부(Разведотдел) 소속이었다.

여단 구성원들 중에 만주국에서 탈출한 중국인과 조선인 빨치산이 많았는데, 그중 한 사람이 김일성이었다. 또한, 구성원들 중에 중국계·조선계 소련인들이 있었고, 에벤크족(эвенки), 나나이족(нанайцы) 등 소련 소수민족 출신자도 있었다. 민족별로 보면 대부분이 중국인이었다.

아파나센코 대장의 명령에 따라서, 여단 설립 과정은 1942년 7월 28일 시작되었고 같은 해 9월 15일까지 마무리되어야 했다. 그런데 실제 여단 편성은 1944년 4월이 되어서야 완료되었다. 러시아 연구자 포치타료프의 연구[16]에 따르면 최종적으로 여단은 참모부, 정치부, 방첩국 '스메르시',[17] 독립 보병 대대 4개(대대마다 중대 3개, 중대마다 소대 3개), 자동소총병대대, 통신대대, 박격포독립중대, 공병독립중대, 대전차독립중대, 경리독립중대, 기관총독립소대 그리고 번역가 특별강습분대로 구성되었다.

소련 장교들은 여단 내에서 정치 교육을 했고, 정치 교육을 진행한 장교 중에는 이반 로보다 상위, 라자르 두만(Лазарь Исаевич Думан)[18] 소령 그리고 중국 출신 전 국제공산당 일꾼 콘드라티 레페신스키(Кондратий Васильевич

15 Глазычев, Белов, "Жилин. Начальнику штаба разведотдела(정찰부 참모장께)," 3 августа 1942 года, ЦАМО РФ. Ф. 2, оп. 17582, д. 1. pp.1~2. 필자는 이 문서를 기광서 교수로부터 받았다.

16 Андрей Почтарев, "Тайный советник "солнца нации"('민족의 태양'의 비밀 고문관)," *Независимое военное обозрение*, 14 января 2005 г. http://nvo.ng.ru/history/2005-01- 14/5_kim_ir_sen.html(검색일: 2017.10.10).'

17 '스메르시(Смерш)'는 러시아어 '스메릇 시피오남(Смерть шпионам, 간첩들에게 죽음을!)'의 약칭이었다.

18 라자르 두만(1907~1979년)은 중국 역사 학자였다. 1935년에 준박사 학위를 받았고, 소련 과학원 소속 동양연구소에서 근무했다. 1941년에 민병대에 입대하여 극동 지역에 파견되었다. 1945년부터 1952년까지 소련령 랴오닝반도에 복무했다. 1952년에 모스크바에 귀환해 동양연구소에서 다시 복무했다. 1979년에 사망했다.

Лепешинский)[19]가 있었다.[20]

조선인들은 대체로 제1독립대대에 복무했고, 이 대대의 대대장은 바로 김일성이었다. 1942년 기준으로, 김일성은 김경석과 함께 여단 당위원회의 공동 부위원장이었다.[21] 제1독립대대 정치부대대장(政治副大隊長)은 안길(安吉)이었다. 대대 병사들의 대부분은 동북항일연군의 제1군 출신자들이었다. 물론, 전체 88여단 군인들처럼 이들은 붉은 군대의 군복을 입고 다녔다.[22]

신병들 중에 소련 사관학교에서 속성 강습이나 군구 소속 소위(少尉) 임관 준비 강습을 받아 소련 군대의 지휘관이 된 사람들이 있었는데, 이들 중에 한 명이 바로 대위로 임관한 김일성이었다.

저우바오중 여단장의 일기에 따르면, 김일성 대대장이 병사의 교육에 신경 썼으며, 1944년 3월 20일에는 대대에 부사관이 부족하므로 병사 몇 명이 부사관 교육을 받으면 좋겠다고 제안했고, 4월 20일에는 제1대대 제2중대의 병사 4명이 시험을 보고 합격할 경우에 부사관으로 진급시키자고 제안했다. 같은 날, 김일성은 당시 대대 당비서였던 박덕산[朴德山, 가명 김일(金一)로 알려져 있음]보다 김경석(金京石)이 비서의 임무를 더 잘 수행할 수 있다고

19 콘드라티 레페신스키(1901~1966년)는 중국계 소련인이었다. 청나라 쓰촨성 싼타이현(三臺縣, 현재 몐양시 소속)에서 태어났다. 소련의 톨마쵸프(Толмачёв) 군사정치대학(Военно-политическая академия имени Н. Г. Толмачёва)을 졸업해 1928년부터 붉은 군대에서 복무했다. 소일전쟁 당시에 소령이었고, 1948년 5월 29일에 중령까지 진급했다. 1960년대에 모스크바 국립대학교 동양언어학부에서 근무했다가 1966년경에 급사했다. 레페신스키의 중국 본명 한자 표기를 현재 확인할 수 없지만, 키릴 문자로 Цзо Ши였다.

20 안드레이 란코프가 이반 로보다와 한 인터뷰, 1990년 11월.

21 Василий Иванов, *В тылах Квантунской армии*(관동군 후방에서)(Москва: Институт Дальнего Востока РАН, 2009), p.199.

22 В. Н. Вартанов, А. Н. Почтарев, "Сталинский спецназ: 88-я отдельная стрелковая бригада('스탈린의 특수부대'인 88독립보병여단)," *Новый часовой*(노브이 차소보이), No.5(1997), pp.178~179.

하며, 박덕산을 김경석으로 교체하자고 제안했다.[23] 이러한 사실로 김일성이 박덕산을 안 좋게 생각했다고 추측할 수도 있지만 이는 사실이 아니다. 북한 정권 설립 이후에 수많은 제1대대 출신자들처럼 박덕산과 김경석은 높은 간부가 되었다.

여단의 외국계 구성원들은 러시아어 교육도 받았으며, 김일성은 특히 러시아어를 쉽게 배운 사람들 중에 하나였다. 김일성의 우수한 러시아어·중국어 능력에 대한 증언도 있다.[24] 모범적인 장교인 김일성은 상급자로부터 칭찬을 여러 번 받았다.[25]

김일성이 소련에서 살았을 때인 1941년 2월 16일에 그의 장남 유라(조선 이름 '정일')가 태어났다. 해산을 도운 사람은 88여단 소속 의사인 니콜라이 니키텐코(Николай Тихонович Никитенко) 군의(軍醫) 소령이었다.[26] 3살에 유라는 소련 유치원을 다니게 되었고, 그를 데리고 다닌 병사 류이취안(劉義權)은 이렇게 기억했다.

1944년, 나와 다른 두 동지가 정식으로 저우바오중의 경비원으로 선택됐어요. 세 경비원 중 내 나이가 제일 어렸기 때문에 저우바오중과 부인 왕이즈(王一知)는 대부분의 일을 내게 시켰죠. 예를 들면 매주 토요일마다 김일성의 아들 김정일(소련 이름 슈라)[27]과 저우바오중의 딸 저우웨이(周偉, 소련 이름 갈

---

23 周保中, 『東北抗日游击日记』(北京: 人民出版社, 1991), pp.783, 785.

24 안드레이 란코프의 소련공산당 국제부 부부장 바딤 트카첸코(Вадим Ткаченко)와의 인터뷰, 1990년 1월 23일.

25 Андрей Почтарев, "Тайный советник "солнца нации"('민족의 태양'의 비밀 고문관)," Независимое военное обозрение. 14 января 2005 г. http://nvo.ng.ru/history/2005-01-14/5_kim_ir_sen.html(검색일: 2017.10.10).

26 "Советский капитан по фамилии Ким Ир Сен(김일성이라는 소련군 대위)," *НКВД*(내무인민위원회)(1995). *НКВД*는 1990년대에 미국 보스턴에서 간행된 러시아어 잡지인데 필자는 구글 북스를 통해 이에 접근했다.

88보병여단의 성원들이다. 앞줄 오른쪽에서 2번째 사람이 김일성 대위이다. 군복을 보면
사진이 1943년 이후에 촬영된 것을 알 수 있다.

라)를 데려와 주말을 보내고 월요일에 다시 유치원으로 보냈죠. 한번은 김정
일이 장난을 쳐서 제가 엉덩이를 때린 적도 있어요.[28]

　　시간이 흐르면서 김일성에게 고향에 대한 기억은 희미해져 간 것 같다.
김일성은 어릴 때 중국으로 이민했으며, 1940년부터 1945년까지 소련에서
거주해 그의 조선어 실력이 매우 떨어졌다는 증언이 있다.[29] 아들들에게 소

27　원문에서 '苏拉(sūlā)'라는 표현은 분명히 러시아 이름 알렉산드르의 아명(兒名) 슈라
　　(Шура)의 음역이다. 그러나 이외의 다른 사료에 따르면 '수라'는 1944년생 김정일의
　　남동생의 김만일의 아명이었고, 김정일의 아명은 유라[Юра, 정식형 유리(Юрий) 또는
　　게오르기(Георгий)]였다.

28　刘义权, "寻访抗战老兵之刘义权: 每周要接送金正日上幼儿园." http://www.china.com.cn/
　　chinese/zhuanti/kzsl/913925.htm(검색일: 2017.10.10).

련식 이름을 주었고, 배우자 김정숙도 소련식 이름 '니나(Нина)'를 사용하게
된 것을[30] 보면 당시 김일성이 앞으로 죽을 때까지 소련에서 살 것이라고 생
각했다고 볼 수 있다. 하지만 소일전쟁 발발은 김일성 대위의 전체 인생을
완전히 변화시켰다.

3. 김일성의 인격에 대한 증언

김일성은 어떤 사람이었나? 특히, 북한 최고 권력자가 되기 전에는 어떤
사람이었나? 그 당시 그를 잘 알았던 사람들은 이 질문에 적절한 대답을 할
수 있는 사람들이다.

광복 이후 김일성에게 마르크스·레닌주의를 가르쳐본 적이 있었던 박
일은 이렇게 증언했다.

나보다 한 살 어린 조선 인민의 '수령님'과 알게 됐죠. 육체적으로 튼튼하
고, 어깨가 쩍 벌어지고, 다부지고, 키가 큰 그는 키가 작은 편인 조선인들 속
에서 두드러지고 있었어요. 역시 민족 전통에 나왔던 장군 모습과 같았네요.
외모라고 한다면 민족 영도자의 후보자를 파악했던 소련 동지들은 참으로 잘

---

29 Андрей Смирнов, "Как Советская Армия внедрила в Северную Корею президента
    Ким Ир Сена и его правительство(소련 군대가 어떻게 북조선에 김일성 주석과 그의
    정부를 도입시켰는가)," *Совершенно секретно*, No.8(1992), pp.10~11; "В тени
    вождей(수령들의 그림자 안에서)." http://www.litrossia.ru/archive/item/5956-
    oldarchive(검색일: 2017.10.10).

30 전(前) 소련공산당 하바롭스크 지방 제1비서 알렉세이 쵸르니(Алексей Климентиевич
    Чёрный)의 증언이다. Герон Ли, *Великое покаяние*(위대한 고해)(Бишкек: Salam,
    2006), p.134.

선택했죠. 생김새도 바르고 눈초리도 정직한 것이었어요. 비인두(鼻咽頭)에 무슨 문제가 있는 것은 보였죠. 갈라진 목소리도 역시 장군다운 것이었죠. 그리고 미소는 말이에요. 미소는 참으로 매력적이었는데 진짜 이 사람이 비열하고 남의 피에 굶주린 모략가인 것을 상상할 수 없었죠.

그는 아주 어설프게 행동했죠. 인민 앞에서 그는 교만한 민족의 영도자로 보였지만, 내 앞에서는 물을 떠난 물고기 같았어요. 나는 그가 덜 거북하게 느끼도록 그와 반말로 얘기했어요.

그에게 마르크스주의 고전가(古典家)들이 사용했던 쉬운 사례를 설명했을 때 김일성은 내 말을 거의 이해했죠. 그런데, 사례보다 개념을 설명하기 시작했을 때 그는 완전히 당황했죠. 또 하나 문제는 그 때 당시에 김일성이 나보다 조선말을 더 못하는 것이었는데요. 그는 꽤 오랫동안 중국인들과 살았죠.

〈중략〉 김일성의 기억력은 진짜 비상하다고 봤어요. 교육도 별로 좋지 않은 중학교 몇 년밖에 못 받았지만, 그랬어요.

〈중략〉 김일성은 아직까지 겸손하게 행동했죠. 때때로 그는 나와 점심이나 저녁을 같이 먹자고 했죠. 그는 나와 만날 때 손님을 모시는 예법을 지키는 것을 강조했어요. 그는 음료에 독약이 없는 것을 보여주도록 첫 잔을 스스로 마셨고, 첫째 요리를 나에게 줬죠. 조선에 그런 풍습이 없었지만, 두세 잔부터 러시아식으로 술잔을 마주치기를 시작했네요. 보통 러시아 보드카를 마셨지만, 적당히 마셨죠. 빨리 취했지만, 과음을 안 했어요. 나도 술잔을 마주쳤지만, 술 자체를 안 마셨고, 김일성도 이것을 알았죠. 김일성은 왕성한 식욕이 있는 사람이었어요. 보통 우리는 김일성이 매우 좋아했던 양고기 국 세 그릇 정도 먹었는데요. 이 국을 김일성의 식모가 준비했는데, 아직도 김일성과 그녀가 무슨 관계인지 몰라요.[31]

---

31 Андрей Смирнов, "Как Советская Армия внедрила в Северную Корею президента

김일성을 알았던 소련 군인이자 정보원인 바실리 이바노프(Василий Иванов)가 이렇게 증언했다.[32]

그를 개인적으로 알았는데, 우리 [독소전쟁] 승리의 날에 같이 축하하면서 보냈죠. 그는 좋은 인상을 주었죠. 아직 아주 젊고, 단순한 사람이었어요. 유쾌한 사람이었다고 할 수 있죠. 그런데, 부하들에게 그때까지도 무조건 권위가 있었어요.

또한, 안드레이 란코프의 인터뷰 대상자들 중에 1940년대 김일성을 개인적으로 잘 알았던 사람들이 있다. 필자는 김일성에 관련한 인터뷰 내용을 번역했다.

나에게 김일성에 대한 첫인상은 그가 기묘한 사람이라는 것이었죠. 착하고 동시에 악한 사람 말이에요. 외견상 아주 착한 사람처럼 보이고, 더 자세하게 보면 뭔가 마음에 안 드는 것도 보이죠. 그는 물론 참으로 훌륭한 모략가였죠. 전쟁 때 같이 일했을 때 나는 그가 앞으로 누가 될지 상상하지도 못 했지요.

(유성철과 한 인터뷰, 1991년 1월 18일)

란코프: 김일성의 인격에 대해 어떻게 생각하십니까?
강상호: 그는 좋은 웅변가, 융통성이 있고 술책을 쓰는 정치가였어요. 자신의
　　　　실수에서 교훈을 얻는 사람이에요. 보통 교육이 분명히 부족한 사람이

　　　Ким Ир Сена и его правительство(소련 군대가 어떻게 북조선에 김일성 주석과 그의 정부를 도입시켰는가).”
[32] "Василий Иванов," *Советско-японские войны, 1937~1945*(Москва: Яуза, 2009), p.311.

죠. 중학교만 졸업했으니 충분하지 않죠. 그는 모략의 사범인데, 자기 적들의 분열을 아주 능숙하게 사용하죠.

(강상호와 한 인터뷰, 1989년 11월 30일)

〈김일성은〉 강서의 약수(藥水)를 좋아했고, 보드카도 많이 마셨거든요. 식사를 할 때마다 먹기 전에 보드카 몇 잔 마셨어요.

(강상호와 한 인터뷰, 1990년 1월 13일)

해방 직후 김일성과 그의 측근들은 매우 즐거웠죠. 술 마시고, 여자들과 시간을 보내는 것 말이에요. 여자들에 대한 소문이 계속 나왔는데, 저는 제 눈으로 볼 때까지 믿지 않았어요. 1945년 가을의 어느 날, 나는 거리에서 걷다가 월리스(Willys) 자동차를 탄 김일성의 부관 선정준(Со Чжон Чжун) 씨를 보았어요. 같은 차에 예쁘고 젊은 여자 5~6명이 있었어요. 나는 어디 가냐고 물어봤고, 그는 웃으면서 "너도 알잖아?"라고 답했죠.

(유성철과 한 인터뷰, 1991년 1월 29일)

역시 조선은 쉬운 곳이 아닙니다. 김일성은 완전히 통제받지 않았고, 무지막지한 폭군인데요. 권력은 그를 문란하게 만들고 망쳤습니다. 역시 이 자리에 있는 어느 누구라도, 제가, 실례지만 귀하가 계셨더라도, 거의 불가피하게 비열한 놈이 될 수밖에 없어요. 김일성은 바로 비열한 놈이었어요. 정말 많은 것을 저질렀죠. '현지 지도'했을 때 사람들을 발로 찼거든요. 나는 내 소식통을 통해 이것들을 잘 알고 있죠.

(이반 로보다와 한 인터뷰, 1990년 11월)

4. 김일성의 붉은 기 훈장

88여단은 소일전쟁에 참가하지 않았다. 여단장 저우바오중은 이에 대해 불만을 느껴 8월 24일에 바실렙스키 원수에게 보고했다.

금년 8월 9일에 소비에트 연방은 제국주의 일본에 선전포고를 했습니다. 여단의 전체 성원들이 고귀한 전쟁의 목적으로 북돋워져 일본 사무라이에 반 (反)한 참전에 관한 군사 명령을 기다리고 있었습니다. 그런데, 전쟁 발발 사 흘 후에 여단의 작전 계획이 취소되었고, 만주 지역에 배치가 연장되어 현재 까지 여단이 활용되지 못했습니다. 이 상태는 여단 성원의 전투성에 영향을 미쳤습니다. 특히 중국인 성원들은 일본 제국주의 패망과 만주에서 중국 인민 들이 일본인의 압제로부터 해방되는 이 역사적인 순간에 참전하지 못하고 여 단이 장래에 어떻게 사용될지가 분명하지 않아 정말 근심하고 있습니다. 저는 여러 번에 걸쳐 여단의 출동에 관해 소로킨[33] 소장 동지께 요청을 드리고, 소 장 동지를 통해 제2극동전선 사령관 푸르카예프 동지께도 요청을 드렸지만, 금일까지 아무 결과가 없었습니다.[34]

바실렙스키 원수의 반응은 9월 3일에, 즉, 미국 전함 미주리호 선상에서 일본 대표들이 항복문서에 정식으로 서명한 다음 날에 나왔다. 그런데, 8월 30일에 푸르카예프 대장의 명령으로, 88여단 성원들이 소련 훈장을 받게 되

---

[33] 문서에 오타가 있는 것 같다. 저우바오중의 상관의 성은 소로킨(Сорокин) 아니라 소르킨 (Соркин) 이었다.

[34] "88 китайско-корейско-нанайская стрелковая бригада КА(붉은 군대의 중국인-조선인-나나이족 88보병여단)." http://wap.imf.forum24.ru/?1-5-20-00000019-000-0-0 (검색일: 2017.10.10).

었다. 이 사람들 중에 한 명이 김일성이었고, 그는 '군사 붉은 기 훈장(Орден Боевого Красного Знамени)'을 받았다.

러시아 국방부가 관리하는 제2차 세계대전 소련 훈장 수여자 데이터베이스 '인민의 공훈(Подвиг народа)'에서 김일성의 상장(賞狀)을 찾을 수 있다. 상장에는 김일성의 이름을 '金日成' 한자의 중국어 발음에 따라 '진지첸(Цзин Жи-чен)'이라고 표기했다.

붉은 기 훈장 수여

제2극동전선 명령 제 010-н-45

(서명)

상장

1. 성명: 진지첸

2. 군사 계급: 대위

3. 직위와 부대: 제2극동전선 제88독립여단 제1보병대대 대대장

   '붉은 기 훈장' 수여를 추천한다.

4. 생년: 1912

5. 민족별: 조선 사람

6. 정당 소속과 연한(年限): 1932년부터 중국공산당 당원

7. 탄생지: 조선 평양[35]

8. 내전, 내전 이후에 소련을 옹위하는 전투, 조국전쟁 참가(어디, 언제):

   1945년에 일본 침략자와의 전투에 참가했음. 1931년부터 1940년까지

---

35 '인민의 공훈'이라는 러시아 국방부의 데이터베이스에서 모든 군인의 출생지와 주소는 개인 정보이기 때문에 삭제되었다. 그러나 코롯코프가 자기 책에서 이것을 인용한 적이 있어서 필자가 이를 복원할 수 있었다. 가브릴 코로트코프, 『스탈린과 김일성』, 172쪽 참조.

만주에서 빨치산 운동에 참가했음.

9. 타격, 타박상 여부(언제, 어디, 급수):

- 내전: 없음

- 조국전쟁:[36] 없음

- (기타): 없음

10. 붉은 군대에 입대한 날짜: 1942년 7월 17일

11. 수여 받은 훈장, 메달(수여 날짜 포함): 수여 받은 적 없음

12. 집 주소: 야전 사서함 44810[37]

증명서

1931년부터 1940년까지 일본 점령자들을 반대하는 만주 빨치산 운동에서 적극적인 운동가였음. 게다가 전투를 위하여 자기 부대를 훌륭하게 준비시켰음.

결과: '붉은 기 훈장'을 받을 자격이 있음.

지휘관: 제88독립여단 여단장 저우바오중 중령(서명)

1945년 8월 30일

인생에서 첫 번째 훈장을 받은 김일성 대위는 이것을 매우 자랑스러워했다.[38] 물론 그때 그는 나중에 대원수까지 진급할지 상상하지도 못했다.

---

[36] 조국전쟁 또는 대조국전쟁은 소련에서 독소전쟁을 부르는 명칭이었다.

[37] 가브릴 코로트코프, 『스탈린과 김일성』, 172쪽 참조.

[38] Анатолий Журин, "Сделан в СССР[소련제(蘇聯製)]."

5. 북한 지도자가 인선(人選)되는 과정

우선적으로, 몇몇 러시아 학자들이 작성한 책에서는 스탈린에게 제출한 '북조선의 지도자 후보자에 관한 보고서'에 대한 언급이 있다. 첫 번째로 이 문서를 찾은 사람은 가브릴 코롯코프일 가능성이 매우 높으며, 나머지 사람들은 코롯코프의 연구를 인용한 것 같다.[39] 코롯코프가 쓴 저서의 한국어 번역본에는 후보자 이름에 대한 오역이 있어서, 필자는 이 오역을 고쳤다.

후보자들은 5개 분류로 나뉘었다. 첫째, 김용범, 박정애, 장시우, 김광진, 박정호, 양영순 등의 국제공산당 일꾼들이었다. 둘째, 독립동맹 지도자인 김두봉과 연안파 구성원들이었다. 셋째, 조만식을 비롯한 조선 현지의 민족주의자파 지도자들이었다. 넷째, 허가이(알렉세이 헤가이, Алексей Иванович Хегай), 유성철, 박병률, 김찬(파벨 킴, Павел Тимофеевич Ким) 등의 소련 고려인들이었다.[40] 마지막으로 다섯째, 김일성 등의 빨치산 운동 지도자들이었다.

이 후보자들 중에서 스탈린은 왜 김일성을 선택했을까? 그는 어떤 측근으로부터 추천을 받았다고 추측할 수 있다. 이 측근이 누구였을까? 사료들에서는 다양한 답을 도출할 수 있다.

첫째, 당시 극동 지역의 소비에트 군대 총사령부 군사위원회 위원이었고 나중에 전체 붉은 육군의 총정치국장까지 승진한 이오시프 시킨 상장일 수 있다. 코롯코프의 책에서는 김일성이 조선으로 귀국하기 전에, 시킨 상장[41]에게 호출을 받아서 잠깐 이야기를 나누었다고 한다. 시킨은 김일성에

---

39 가브릴 코로트코프, 『스탈린과 김일성』, 176~179쪽.
40 한국에서는 고려인(한국계 러시아인)을 '카레이스키'라고 부르는 경우가 많다. 필자는 러시아어로 고려인들을 이렇게 부르는 경우가 아예 없으며, 이 호칭은 러시아어 원어민에게 매우 어색하게 보인다는 것을 강조하고 싶다.

게 북조선에 파견되면 어떻겠냐고 물어봤으며, 김일성은 세계혁명 과업에 도움이 될 수 있다면 항상 준비되어 있다고 답했다. 코롯코프에 따르면 시킨 상장은 이런 답을 듣고 매우 만족했다고 한다.[42]

둘째, 당시에 소련 비밀경찰인 내무인민위원회의 지도자인 라브렌티 베리야(Лаврентий Павлович Берия)일 수도 있다. 이에 대해 니콜라이 레베데프 소장은 이렇게 증언했다.

> 일본과의 전쟁 종결 며칠 전에 우리는 스탈린으로부터 우리가 준비했던 [북한 지도자 후보들을] 취소하고 소련 군대 대위인 김일성 씨를 [북한 공산당 총비서로] 추대할 준비를 하라는 암호 전보를 받았어요.
>
> 최근에서야 저는 이 결정을 준비한 사람이 베리야였던 것을 알게 됐어요. 그는 스탈린에게 후보자를 찾는 것을 중앙정보부(Главное разведывательное управление)가 하게 해달라고 설득하면서, 자신의 부하들에게 소련에 거주하고 있는 조선인을 찾으라고 명령했어요. 그들은 찾았죠. 베리야는 자신의 명령을 받지 않는 중앙정보부를 함정에 몰아넣고 루뱐카(Лубянка)[43]의 위상을 높일 기회를 놓치지 않았죠. 베리야는 중앙정보부가 찾은 후보자가 자격이 없다고 하면서 그가 제안한 김일성 대위가 바로 이 일의 적임자라고 스탈린에게 보고했고, 대원수의 칭찬을 받았죠.

그리고 메클레르(Григорий Конович Меклер) 중령은 결정적인 역할을 본인이 했다고 주장했다.

---

41 번역판에서는 그의 이름을 '슈킨 대장'이라고 잘못 번역했다.
42 가브릴 코로트코프, 『스탈린과 김일성』, 180쪽 참조.
43 루뱐카는 당시에 내무인민위원회 중앙 사무실이 위치한 모스크바의 한 거리로 소련 비밀경찰의 별명이 되었다.

1945년 8월 중순 아군이 북조선과 만주를 해방하던 당시에 제1극동전선 정치부 제7국 국장인 본인이 전선사령관 키릴 메레츠코프 원수와 테렌티 시트코프 상장에게 호출을 받았어요. 대화를 간단하게 나누었는데, 원수는 이렇게 말씀하셨어요.

"하바롭스크 쪽에서 아군의 중국인 여단이 있는데, 여단장은 저우바오중이오. 주요한 대대는 2개 있으며, 중국인 대대 하나 그리고 조선인 대대 하나가 있소. 우리는 [88여단이 소재한] 그쪽에 가보고 그 여단을 알아봐야 하오. 거기서 강습(講習)을 하겠소. 당신 [메클레르]는 조선인 대대장을 책임지고, 나는 중국인 대대장을 책임지겠소. 자신이 책임진 대대장과 이야기해보고, 어떤 사람인지, 어떤 능력을 보유하고 있는지 전면적으로 확인하시오."

아마, 사령부는 이때 이미 전선 정찰부를 통해 김일성에 대해 아는 것이 있었던 것 같아요. 바로 그는 조선인 대대장이었죠. [사령관은] 그가 왜 필요한지에 대해 말씀을 안 하셨죠. 하지만, 우리가 이야기할 때 이 여단이 중요한 의미를 가진 여단인 것을 알았죠.

다음 날 우리는 여단에 도착했고, 나는 처음에 김일성과 만났죠. 진짜 그때의 나는 절대 미래의 국가원수 선택 과정에 참가하는 정말 특별한 기회에 참가한다고 상상하지도 못했죠. 나중에 일 년 동안 그의 충고자(忠告者) 또는 조력자까지 된다는 것도 상상조차 못 했죠.

김일성(그는 그때 어떤 다른 중국 이름이 있었는데)은 자기의 모국어 조선어뿐만 아니라 중국어를 잘했고, 어느 정도 러시아어도 할 줄 알았던 것을 발견했죠. 악센트가 있었지만, 대화가 가능했죠. 그밖에 다른 언어는 할 줄 몰랐어요. 메클레르 중령은 김일성이 자신의 생각과 자신이 한 일을 평가하는 얘기를 듣고 그를 성숙한 사람이라고 생각했어요. 우리는 서로 알게 됐죠. 그의 부하들과도 대화했죠. 김일성이 [부하들을] 가르치는 한 강습에도 참석했죠. 내가 볼 때, 이 사람은 엄격하고 강하며 주의 깊고 병사들로부터 존경과 사랑까

미하일 칸 소령(왼쪽)과 메클레르 중령(오른쪽)은 붉은 기 훈장을 받은 김일성 대위를 축하하고 있다.

지 받는 사람으로 보였어요.

나는 여단 방문 때 발견한 이 사람의 대체적인 품성을 원수께 올리는 보고서로 작성했어요. 결국 나의 의견은 김일성이 후보로 선택될 때 결정적인 것이 됐어요. 다음 날 나는 나의 부관인 조선어 신문 편집장 칸 소령 그리고 김일성과 함께 메레츠코프의 사무실을 방문했죠. 김일성이 사령관 사무실에서 나올 때 나는 그의 가슴에 붙은 붉은 기 훈장을 봤어요. 나는 그의 손을 잡았고, 악수하면서 훈장을 받은 것을 축하했죠. 바로 이 순간을 조선인 사진사가 찍었죠.

한편 박일은 김일성을 후보자로 고려한 과정에서, 나중에 김일성의 비서가 된 문일이 중요한 역할을 했다고 증언했다.

스탈린의 관방(官房)에서, 북조선을 누가 다스릴지에 대한 문제를 1945년 4월부터 토론했어요. 소련 장군들은 고려인을 선택하는 것이 좋은 생각이 아니라는 것을 이해했죠. 진짜 조선인이면서 스탈린에게 복종하는 조선인이 필요했죠. 물론 평양에 [붉은 군대가 도착하자마자] 조선 정치가 4, 5명이 왔지만, 소련 장군들 입장에서 적절한 후보자들이 아니었죠. 그들 다 군사적이나 정치적인 업적이 있고 권위 있는 사람이어서, 이런 사람들을 통치하는 것은 참으로 어려웠죠. 게다가, 우리 정보국도 그들을 잘 몰랐죠.

결국 1945년 봄에 모스크바 중앙위원회 대표자들은 우연히 문일(에릭 문, Эрик Александрович Мун)을 찾았는데, (중략), 그는 1942년에 어떤 조선인 빨치산의 그루빠[44]가 국경 넘어 하바롭스크 쪽에 살고 있는 것을 어렴풋이 기억했어요. 문일은 그들 중에 어떤 김 씨가 있다고 하면서(이름을 기억하지 못했다), 아마 그 사람이 중앙위원회의 올바른 후보자가 될 수도 있다고 했죠.[45]

---

44 '그루빠'는 현재 한국에서는 쓰지 않는 단어이지만, 1940년대 북한에서 흔히 사용했다. '같은 목적으로 묶은 집단'이라는 뜻이다.

45 Андрей Смирнов, "Как Советская Армия внедрила в Северную Корею президента Ким Ир Сена и его правительство(소련 군대가 어떻게 북조선에 김일성 주석과 그의 정부를 도입시켰는가)."

또한, 안드레이 란코프의 인터뷰에서도 김일성이 북한 지도자로 선택되는 것에 대한 정보가 나온다.

란코프: 그렇다면 바로 김일성을 북한 지도자로 임명하는 것에 대해 어떤 망설임이 있었습니까?

레베데프: 아이구, 무슨 망설임이요? 저희는 군인들이죠. 모스크바에서 전화가 왔고[시트코프가 즈다노프(Жданов)에게서] 구체적인 명령을 받았잖아요. 확실한 명령을 받았으니 나는 이 명령을 따를 수밖에 없었죠.

란코프: 그런데, 혹시 누가 결정했죠? 조선 문제를 처리하는 어떤 센터가 있었나요?

레베데프: 아무 센터가 없었죠, 이상한 말은 좀 그만 하세요. 시트코프가 결정했고, 즈다노프도 결정했고, 스탈린 자신도 결정했거든요. 이들을 위해 누가 결정 문서를 준비했는지 모르고, 거짓말을 드리기도 싫습니다. 샵신(Шабшин)이 박헌영을 지지하자고 제안했다는 말이 나왔는데, 그래도 대부분은 김일성을 지지했죠.[46]

란코프: 바로 그때(제88여단 성원들이 조선에 귀국할 당시) 김일성을 북한 지도자로 임명하려고 했나요?

유성철: 아니에요. 후보자가 3명이 있었는데, 바로 조만식, 박헌영 그리고 김일성이었어요. 처음에 아마 조만식이 제일 좋은 후보자로 보였고, 저는 도(道) 경무사령부 정치 담당 부경무관 브곳코(Выгодко) 중령과 함께 조만식을 3번 찾아갔어요. 그에게 우리와 협력하자고 설득했는데, 그는 결사반대했어요.

---

46 니콜라이 레베데프 소장과 한 인터뷰, 1990년 1월 19일, 12:30부터 13:00까지.

샵신은 박헌영을 추천했는데 자기주장을 열심히 밀어붙였어요. 그는 박헌영이 원래 국제공산당의 일꾼이었고 영리하고 능숙한 사람으로서 좋은 정치인과 유능한 지도자가 될 수 있다고 보았어요. 그런데 여기 외교관과 정보원들이 한편이 되고 장군들은 다른 편이 되어 경쟁을 시작했죠. 로마넨코, 시트코프 등 장군들은 김일성이 원래 소련군 대위여서 지지했는데, 결국 시트코프가 주도하는 장군파가 이겼어요. 이들은 어떤 방법을 이용해 스탈린까지 만날 수 있었고, 그들은 김일성을 승인하도록 설복했어요. 스탈린은 이 문제에 대해 명령을 하달했죠. 저는 그 이전에 [소련 당국이] 김일성을 내세울 계획이 없었다고 확신해요. 첫째, 저는 이런 이야기 자체를 들어 본적도 없었고, 둘째, 만약에 김일성을 내세울 계획이 있었으면 그를 다른 사람과 구분하고 대위보다 훨씬 높은 계급도 수여했겠죠.[47]

란코프: 선생님께서는 언제부터 김일성 내세우기가 시작됐다고 보세요?

유성철: 김일성은 평양에 도착한 후 며칠 동안 빈둥거렸는데요. 계속 로마넨코, 시트코프, 레베데프, 치스탸코프를 찾아갔어요. 저는 김일성을 내세우는 것에 시트코프가 결정적인 역할을 미쳤다고 짐작해요. 아마 '아군에 복무했고 원래 대대장이었는데, 그를 내세우면 다 잘 될 것이다'라고 한 것 같아요. 시트코프는 물론 스탈린에게 직접 보고할 수 없었는데, 그렇게 할 수조차 없죠. 그는 즈다노프와 오랫동안 친해서 즈다노프를 통해 보고했죠. 김일성도 물론 스스로도 열심히 인맥을 만들고 신임을 받기 위해 노력했죠.[48]

---

47 유성철과 한 인터뷰, 1991년 1월 18일.
48 유성철과 한 인터뷰, 1991년 1월 29일.

…… 그때 우리는 주로 대대 정치지도원 김책과 대화했죠. 걔는 매우 영리한 애였죠. 나는 요즘에 [김책이] 조선 지도자로 더 좋은 후보자가 될 수 있었다고 생각하거든요. 시트코프가 똑똑하고 명석한 사람이었지만 여기에서 틀렸죠. 이것은 내 생각일 뿐이죠, 뭐. 김책에 대해 토론은 없었죠. 이른바 북한 왕위 후보자들 중에 그가 없었죠.

역시 김일성을 선택한 것은 대체로 우연한 일이었는데요. 후보자들은 매우 많았죠, 김일성, 김두봉, 박헌영을 제외하고도 너무나 많은 사람들에 대해 얘기했죠. [심지어] 미하일 칸(Михаил Кан)까지도. 어느 사람들은 '야, 우리는 이렇게 계속 토론해서 미칠 것 같아. 미하일 걔를 내세우자고. 그러면 일을 마무리할 수 있겠지'라고 했죠. 시트코프가 그때 조선 업무를 관리한 외무인민위원회 위원 보좌 로좁스키(Лозовский)와 허물없이 드나드는 사이였고, 최종 결정에는 시트코프가 중대한 영향을 미쳤죠.[49]

란코프: 김일성을 어떻게 선택했었죠?

로보다: 결정적인 역할을 시트코프가 했거든요. 처음에 의심, 심한 의심이 있었지만, 우리들이 준비했던 토지개혁 때 최종적으로 김일성을 선택했죠. 말씀드린 것처럼, 후보자들 여러 명이 있었고, 이들 중에 하나로 ≪조선신문≫ 편집장 미하일 칸도 있었어요. 표도로프는 한번 '이 소동을 그만하자. 미하일 걔를 내세우자'라고 했죠. 미하일 칸은 영리한 애였죠. 그는 극동대학교에서 중국학과를 졸업했는데, 역시 그때 이 대학교에는 조선인들은 많았죠. 하지만 주요한 후보자는 미하일 칸이 아니었고, 88여단 장교들이었죠.[50]

---

49 이반 로보다와 한 인터뷰, 1990년 11월.
50 이반 로보다와 한 인터뷰, 1990년 11월.

군구 참모부에서 일했던 저의 한 동무는 소련 지도부는 맨 처음에 김일성, 박헌영과 김두봉 3명의 기본 후보자들 중에 망설이고 있었다고 했거든요. 박헌영이 원래 종파들과 연결이 있어서 그를 임명하는 것은 종파 투쟁을 부활시킬 수 있어서 불합격되었어요. 김두봉이 중국인, 그리고 마오쩌둥과 친밀한 관계가 있기 때문에 소련 군사·정치 지도부의 신뢰가 부족했죠. 그때 당시에도 [소련 당국은] '스탈린과 마오가 탁월한 수령들'이라고 주장했지만 중국인과 너무 친밀한 것은 바라지 않았거든요. 결국 김일성을 뽑았죠. 김일성은 전투도 해봤고, 하바롭스크에서 우리들과 같이 살아서 [김일성이] 우리 쪽 사람이라고 생각하고 결정했죠.[51]

란코프: 왜 소련 당국이 김일성을 뽑았다고 보십니까?

샵시나: 우연히, 이것은 완전히 우연한 것이었거든요. 솔직하게 말씀 드리면, 저는 맨 처음에 당시에 평양의 상황이 얼마나 혼란스러웠는지 알아서 이 문제에 대해 관심도 많이 없었거든요. 당시에 누구도 어떤 꾀도 부리지 않았고, 계획도 만들지 않았고, 모든 것은 우연히 결정되었죠. 아무 김 씨나 박 씨나 이 씨나 이 자리에 나오게 될 수도 있었겠죠. 인맥은 모든 것을 결정했죠. 군인들이 잘 알았던 김일성이 바로 눈앞에 보여서 그를 뽑았는데, 김일성이 아니고 다른 사람일 수도 있었던 것을 다시 말씀드려요.[52]

1) 소결

상기한 모든 증언을 고려하면, 김일성 등장 과정을 다음과 같이 복원할

---

51 강상호와 한 인터뷰, 1989년 10월 31일.
52 파냐 샵시나와 한 인터뷰, 1990년 1월 23일.

수 있다. 1945년 봄에 소련은 미국과 영국의 요구에 따라 대일전쟁에 참가하겠다고 결정했다. 이 전쟁에서 조선을 점령할 가능성이 높다고 본 소련은, 조선의 지도자가 될 사람이 필요하다고 보았다. 소련 당국은 이 지도자가 고려인 또는 조선인이어야 한다고 결정했다.

처음에 소련은 다수의 조선인 활동가들을 후보자로 고려했는데, 나중에 김일성의 비서가 된 문일의 추천으로 김일성도 이 후보자 목록에 포함되었다. 소련 당국은 이 후보자들에 관한 추가적인 정보를 제출하도록 극동 소련군에 지시했고, 메클레르 중령은 김일성과 직접 만나서 면담한 다음에 그를 매우 긍정적으로 평가하는 보고서를 제출했다. 일본 패망 당시 지도자로 누구를 선택할지 아직 결정하지 않아서, 제25군 정치장교들은 여러 명의 북한 지도자 후보자들에게 마르크스·레닌주의를 비롯한 사상 과목을 가르쳤다. 나중에 시트코프를 비롯한 여러 장군들은 김일성을 지도자로 추천했고, 스탈린은 이를 승인했다. 즈다노프는 시트코프를 통해서 스탈린의 결정을 조선 현지에 전달했다. 이때부터 제25군은 김일성에게 전체 북조선을 다스리기 위한 지도자 훈련을 시키기 시작했다.

6. 김일성의 귀국

9월에 88여단 성원들이 귀국할 예정이었다. 첫째 계획은 만주를 통한 귀국이었는데 유성철은 이에 대해 이렇게 증언했다.

우리 여단장은[53] '만주에 가겠다'고 하셨어요. 우리는 만주에 갔는데 사흘

---

53 즉, 88여단 여단장 저우바오중.

동안 무단장(牡丹江)에 머물렀어요. 그쪽 조선 사람들은 우리를 아주 훌륭하게 환영해줬죠. 근데 갑자기 [본부로] 들어오라는 명령을 받았는데, 우리는 그때 너무 놀랐지만, 나중에 이것이 무엇이었는지 알게 됐어요. 당시 폭파되었던 안둥(安東) 다리는 아직 복원되지 않아 열차가 못 들어갔어요. 그 때문에 저희는 블라디보스토크와 원산을 통해 조선으로 귀국했죠.[54]

이 때문에 김일성과 다른 여단 성원들이 '예멜리얀 푸가초프'호를 타고 9월 19일에 조선 원산을 통해 귀국했다.[55] 원산에서 그들을 마중한 고려인 소련군 중사 덴산딘(정상진, 유리 텐, Юрий Данилович Тен)은 이에 대해 이렇게 기억했다.

원산에서 나를 현지 문화부 부부장으로 임명했죠. 1945년 9월 18일에 도시 군(軍) 경무관은 나를 호출했고 "유라(당시에 러시아인들이 다 날 유라라고 불렀거든요), 조선을 해방한 제25군의 명령이 나왔거든. 내일 아침에 김일성과 그의 부대는 '예멜리얀 푸가초프'호라는 전함을 타고 올 예정이야. 마중 나가야지"라고 했는데요.

난 정말 그와 만날 순간을 기대했거든요. 나이도 많고 백발인 사람을 보기를 기대했지만, 그런 사람을 못 봤죠. 앞에 나와 거의 비슷하게 키가 크고 강

---

54 안드레이 란코프가 유성철과 진행한 인터뷰, 1991년 1월 18일.

55 이 전함은 1943년 4월 13일에 미국 Oregon Shipbuilding Corp.이라는 조선소에서 건조되었고 같은 달 21일에 소련이 이 전함을 구입했다. 전함의 원래 이름은 Louis Agassiz이었고, 소련은 이를 18세기 농민 반란 우두머리인 예멜리얀 푸가초프를 기념해 그의 이름을 따서 개명했다. Андрей Ланьков, "Интернет знает все(인터넷은 역시 모르는 것이 없다)." http://tttkkk. livejournal.com/280238.html(검색일: 2017.10.10); "ЕМЕЛЬЯН ПУГАЧЕВ(до 21.04.1943 г. "Louis Agassiz")[예멜리얀 푸가초프호 (1943년 4월 21일까지 루이스 아가시호)]." http://sovnavy-ww2.w.pw/transports/typ_liberty.htm#pugachev(검색일: 2017.10.10) 참조.

파리한, 소련군 대위 군복을 입고 있는 젊은이가 가고 있었죠. 그는 바로 김일
성이었어요.[56]

귀국한 88여단의 조선인 성원들은 소련의 경무사령부 보좌관으로 임명
되었고, 김일성이 바로 평양 경무사령부 부관이 되었다.[57]

7. 10월 13일의 조선공산당 회의: 조선공산당 북조선분국과 그의 조직 뷰로 설립

10월 13일까지 하나였던 조선공산당은, 이날 남북으로 사실상 분리되
었다. 북조선에 있었던 공산당 조직은 나중에 조선로동당이 되었고, 남조선
에 있었던 조직은 파괴되었다.

일반적으로 당 분리에 대한 결정이 10월 13일의 북조선 5도 대표자 회

56[56] "Тен Сан Дин: 'Я выполнил завещание своего отца'(정상진: '나는 아버지의 유훈을 수행했다')." http://www.arirang.ru/news/2012/12050.htm(검색일: 2017.10.10).

[57] "Письмо Начальника разведотдела штаба Главкома Советских вооруженных сил на Дальнем Востоке Чувырина Начальнику разведотдела штаба 2 ДВФ генерал-майору Сорокину от 2.9.1945г.(극동 지역의 소비에트 군대 총사령관 직속 참모부 정찰국 국장 추브린(Чувырин)이 제2극동전선 참모부 정찰국 국장 소로킨 (Сорокин) 소장에게 1945년 9월 2일에 보낸 편지)," ЦАМО РФ. Ф. 2, оп. 17582, д. 2. р.23; "Из легенды к карте размещения военных комендатур на территории Северо-Восточного Китая и Северной Кореи(중국의 동북지역과 북조선에 위치한 경무사령부 지도 명(銘)의 발췌)," ЦАМО РФ. Ф. 2, оп. 12378, д. 1. р.47. 위의 사료는 전현수, 「소련군의 북한 진주와 대북한정책」 재인용; "Список личного состава 1-го батальона 88 отд. стр. бригады 2-го Дальневосточного фронта, предназначенного для работы в Корее(조선에 파견될 제2극동전선 제88독립보병여단 제1대대 인원 목록)," 25.8.1945, ЦАМО РФ. Ф. 2, оп. 19121, д. 2. pp.14~15.

의에서 나왔다고 보고 있다. 이 문제를 제일 자세하게 분석한 것은 서동만의 연구이다.[58] 서동만은 이 대표자 회의에 관련된 수많은 문서를 검토하고, 북한 당국이 나중에 이 회의의 역사를 왜곡하는 과정도 분석했다.[59]

회의에 관한 중요한 두 개의 사료가 있다. 하나는 11월 5일에 작성된 립시츠 소령의 보고서이다. 다른 하나는 11월 1일에 나온 ≪정로≫의 기사다.[60] 그런데, 이 사료들 사이에 서로 모순이 있다. 사료 내용을 비교해보자.

1) 립시츠 소령의 보고서의 내용 및 분석

회의는 10월 13일에 진행되었다. 참가자들은 전체 69명, 그중에 평안북도 대표자 5명, 평안남도 38명, 함경북도 6명, 함경남도 4명, 황해도 8명, 경기도 2명, 평양시 6명이었다. 즉, 대표자 50% 이상이 평안남도를 대표했고, 강원도 대표자는 한 명도 없었다.

회의 집행부 위원으로 선출된 사람은 김일성, 김용범, 오기섭, 정달헌, 이주하, 박기선(Пак Кисен), 김휘, 김저건(Ким Декен), 이동우(Ли Дону) 총 9명이었다. 여기서 김일성이 첫 번째 인물로 나오는 것은 매우 중요했다. 그가 이제 북조선 공산주의자들 중에 제일 높은 사람이라는 것이 분명하게 보였다.

공산주의 국가의 회의에서는 최고위급 간부를 '명예 집행부 위원'으로 선출하는 전통이 있었고, 이 회의에도 집행부 위원으로 스탈린, 마오쩌둥,

58 서동만, 『북조선사회주의 체제 성립사: 1945~1961』(서울: 선인, 2005), 93~110쪽.

59 현재 북한에서는 이 회의가 10월 13일이 아니라, 10월 10일에 진행되었다고 주장한다. 또한 이 회의에서 조선공산당 조직 위원회가 설립되었다고 하고, 10월 10일을 조선로동당 창당일로 본다. 그러나 이 주장을 입증하는 사료는 아예 존재하지도 않는다.

60 ≪정로≫는 '조선공산당 북조선분국 기관지'이다. 1946년부터 ≪로동신문≫으로 개칭되었다.

미국, 영국 그리고 조선공산당 비서들을 선출했다.

　회의는 먼저 조선공산당 지도자인 박헌영에게 보내는 호소문을 승인했다. 즉, 그를 전체 조선공산당의 영도자로 인정하고 있는 것을 강조했다.

　회의 진행 계획은 다음과 같았다.

　1) 국제 정세에 대하여: 보고자 네우메이코프(Иван Степанович Неумейков)
　　대위

　2) 당과 공산주의자의 정치적 과업: 보고자 오기섭

　3) 조직 문제: 보고자 김일성

　4) 지방위원회와 이에 관련된 당 사업 강화에 대하여: 보고자 김용범

　5) 북부지역 도(道) 공산당 조직국(Оргбюро компартии северных провинци
　　й) 설치, 위원 선출

　보고자 오기섭은 조선의 현실을 공산권의 공식 사상인 마르크스·레닌주의 모델로 설명하려고 했다. 물론 이 모델로 설명이 가능한 것은 매우 한정적이기 때문에 오기섭의 설명은 현대인에게 이상하게 보인다. 그는 조선에서 '부르주아 민주주의 혁명이' 진행된다고 했다. 게다가, 공산당 내부 상황에 대해 보고하면서 오기섭은 중앙위원회를 반대하는 세력에 대해 설명하려고 했다. 문제는 당시 공산주의적 교리에 따르면, 공산당에는 올바르지 않는 '좌경'과 '우경'이 존재하는 동시에 당원의 압도적 대부분이 지지하는 '당 기본 노선'이 있어야 했다. 오기섭은 이영 파를 '좌경'이라고 부르며 이들에게 '분명한 트로츠키주의적 경향이 분명히 있다'고 주장했다. 그리고 '우경'은 조선의 해방이 소비에트 연방의 정책과 일본제국주의에 저항한 조선인 덕분이 아니라, 연합군 덕분이라고 본다'고 했다. '우경'에 대해서는 '좌경'과 달리 이름을 하나도 언급하지 않았다. 당시의 사료에서 이런 '우

경'에 대해서 한마디도 없었고 이렇게 생각했던 사람들은 주로 공산당보다 남조선의 우파 정당에 입당했기 때문에, 필자는 당시 공산당에 실제로 '우경'이 존재하지 않았고, 오기섭은 마르크스·레닌주의 모델에 맞도록 '우경'을 생각해냈을 가능성이 매우 높다고 본다.

마지막으로 오기섭은 '친일 분자'들과의 투쟁을 위해서 '민족적 통일전선'을 만들자고 했고, 당의 사업을 강화해야 한다, 마르크스주의 연구가 필요하다는 등의 형식적인 말을 했다.

오기섭의 주장을 지지하는 토론 이후에 김일성이 보고했다. 김일성도 통일전선 설립, 노동자 속에서의 당 사업 강화, 혁명 이론 연구의 강화 필요성에 대해 말했고 '설립할 정부에는 노동자, 농민, 부르주아, 지식인 등의 대표자들이 있어야 합니다'라고 했다. 그는 박헌영을 찬양했다. '현재 서울에서 조선공산당 중앙위원회가 있습니다. 박헌영 동무[61]는 다양한 종파 집단을 극복하시고 공산당을 올바른 길로 성공적으로 이끄십니다.' 게다가, 박영일(Пак Енир) 종파를 비난했지만, '우리 당에 있는 친일 분자들이 더 위험합니다'라고 말했다. 김일성은 '친일 분자'들을 숙청하고 당을 대중화하자고 했다. 어느 도(道)의 경우 공산당 당원 중 노동자의 비율이 2~3%에 불과하다고 아쉽다는 듯이 보고했고, 더 많은 노동자와 농민들을 입당시키자고 했다.

게다가, 김일성은 오기섭처럼 '좌경'과 '우경'을 비난했다. 이영과 익눈(Ик Нюн)을 '좌경'이라고 부르며 비난했으며 '우경'에 대해 보고했을 때는 오기섭처럼 '우경'의 이름을 부르지 않았다. 보고를 마무리하면서 김일성은 다음과 같은 제안을 했다.

---

61 현재 북한말에서는 '동무'와 '동지'라는 개념을 구별하고 있다. '동무'는 반말이고, '동지'는 존댓말이다. 하지만 1945년 당시에는 거의 모든 경우에 '동무'라는 호칭만 사용했다.

1) 북조선의 모든 공산당 조직들에서 위원회 선거를 실시

2) 당 규약 채택

3) 당원증의 형태를 채택

4) 전체 북조선 당대표자회의를 소집

이 모든 제안은 물론 만장일치로 승인되었다. 김일성의 보고 다음에 회의는 결의안을 통과시켰다.

1) 북조선 주민들을 대상으로 하는 정치적 사업의 가속화를 위해 북조선에서 당 중앙위원회 조직국을 설립하는 것을 중요한 정치적 과업으로 보아야 함.

2) 당 대열에 이색분자들이 들어가는 것을 방지하도록 가까운 장래에 당 조직의 기율을 엄격히 세움.

3) 서울에서 당 문서를 만드는 사업이 기술적 애로에 직면하면 이 사업을 북조선 당중앙위 조직국에서 맡도록 함

4) 민주주의적 기초에 따라 선출된 지방 당위원회 위원을 승인할 목적으로서 당대표자회의를 소집함. 형제적 소련공산당에 당대표자회의 진행의 원조를 부탁함

5) 당대표자회의에서 도(道)와 지방 당 조직에 관한 문제를 내세워야 함

마지막 보고는 김용범이 했다. 그는 주로 지방 위원회를 지도하는 평안남도 공산당 당원들을 비난했다.

위원회에 파견된 일부 동무들이 당 지도 사업에 대해 잊어버리고 자기의 임무에 대해 무관심한 행태를 보입니다. 이런 동무를 소환하고 새로운 동무를 파견해야 합니다. 이 새로운 동무들을 제도적으로 통제해야 합니다.

현재 우리는 수확 문제와 토지 문제에 직면했습니다. 두 번째 질문에 대해 지시를 못 받아서 해결하지 못했습니다.

김용범이 '조선공산당이 소련 당국에게 의존하는 사실'을 직접 인정하는 것은 참으로 재미있는 것이다. 회의는 상업과 공업 그리고 토지 문제에 대한 결정을 채택했고, 조선 북부의 도 조직국을 선출했다. 위원 목록은 다음과 같았다. 김일성, 김용범, 장시우, 박정애, 윤상남(평안남도), 김휘(평안북도), 오기섭, 이주하, 정달헌(함경남도), 허현보, 이주봉(함경북도), 최경덕, 김응기(황해도), 정재달(경기도), 이동화, 김철, 김책(평양시) 총 17명이었다.

이 정보를 보면, 그 당시 소련 당국은 김일성을 당 지도자가 아니라, 공산당보다 더 광범위한 '통일전선' 지도자로 임명할 계획이 있었던 것 같다. 역시 10월 16일 조직국 회의에서도 도 조직국 제1비서로 김용범, 제2비서로 오기섭을 선출했는데, 립시츠 소령은 '김일성은 나중에 정부 기관에 출마시킬 계획이 있어 비서로 선출되지 않았습니다'라고 설명했다.[62]

2) ≪정로≫의 기사

이 사료는 비교적으로 짧아서 여기에 전문을 인용할 수 있다.

朝鮮共産黨(조선공산당) 北部朝鮮分局(북부조선분국) 設置(설치)

---

62 Лившиц, "Конференция компартии пяти северных провинций Кореи(조선 북방 5도 공산당 회의)," Политическое управление ПримВО, VII отдел, информационная сводка(연해군구 정치부 제7국, 통보 보고). 5 ноября 1945 г. Документы, характеризующие политические партии и общественные организации Северной Кореи за 1945 г.(1945년 당시 북조선 정당과 사회단체들을 묘사하는 문서). ЦАМО РФ. Ф. 172, оп. 614630, д. 5. pp.58~64.

劃期(획기)! 五道黨責任者熱誠者大會(오도당책임자열성자대회)

黨(당)의 볼세비키的(적) 强化(강화)와 그 作戰(작전) 活動(활동)의 敏活 (민활)을 圖(도)하기 爲(위)하야 西北五道黨責任者(서북오도당책임자) 及(급) 당 熱誠者大會(열성자대회)는 秋空廣濶(추공광활)한 九月十三日午後一時(구 월십삼일오후일시)에 平壤(평양)에 열렸다.

百餘(백여) 당원(원)의 緊張裏(긴장이)에 金鎔範(김용범) 동무 司會(사회) 로 臨時執行部選擧(임시집행부선거)를 니어 貴重(귀중)한 指導者(지도자) 朴 憲泳(박헌영) 동무의 健康健鬪(건강건투)를 비는 祝電(축전)을 보낼 것을 滿 場一致(만장일치)로 可決(가결) 다음 順序(순서)로 드러가 兄弟黨員(형제당 원) 네우메이꼽프 동무의 意味深重(의미심중)한 國際情勢報告(국제정세보고) 가 있었다. 뒤를 니어 吳(오)기燮(섭) 동무의 政治路線(정치노선)과 당의 任務 (임무)에 對(대)한 金永煥(김영환) 동무의 黨組織問題(당조직문제)에 對(대) 한 報告(보고)가 있었다. 이밖에 地方政權(지방정권) 及(급) 道黨事業强化(도 당사업강화)의 問題(문제) 北部朝鮮分局(북부조선분국) 設置(설치) 그 委員 (위원)의 選定(선정)이 있었으며 李英 崔益幹派(이영 최익간파)에[63] 對(대)한 峻烈(준열)한 批判(비판)이 있은 後(후) 朝鮮共産(조선공산)당 萬歲(만세)! 世 界無産階級(세계무산계급)의 指導者(지도자) 스따린 동무 만세! 朝鮮無産階 級(조선무산계급)의 指導者(지도자) 朴憲泳(박헌영) 동무萬歲(만세)! 로의 叫 号聲(규호성)은 場內(장내)를 휩쓰리 가을 하날 높이 全 世界(전 세계)를 흔들 며 閉會(폐회) 하나 午後(오후) 六時(육시)였다.[64]

---

63 ≪정로≫에 오타가 있고, 언급하는 인물은 최익간이 아니라 공산당 활동가 최익환(崔益 煥)일 가능성이 높아 보인다.

64 "朝鮮共産黨 北部朝鮮分局 設置", ≪正路(정로)≫, 1945년 11월 1일 자, 1면.

3) 필자의 분석

두 가지 사료는 10월 13일로부터 한 달이 지나기 전에 작성되었다. 그때 참가자들은 10월 13일에 있었던 일을 잘 기억하고 있었다. 그런데, 이 두 사료는 서로 여러 가지 모순들이 보인다.

첫째, 립시츠 소령의 보고서에서 소련 '네우메이체프(Неумейцев)'라고 부르지만, ≪정로≫에서는 '네우메이꼽프'라고 한다. 실제로 제25군에 이반 네우메이코프 대위가 있었다.[65] 놀랍게도, 소련 장교의 이름은 오히려 한국어 신문이 러시아어 보고서보다 정확하게 나왔다. 필자는 이 보고서를 제외하면 이 시기 사료 중에서 소련인 이름을 틀리게 작성한 소련 사료를 본 적이 없다.

둘째, 날짜에 관한 오류가 있다. 립시츠 소령의 보고서에서는 10월 13일인데, ≪정로≫에는 9월 13일로 나온다.

셋째, 립시츠의 보고서에서는 세 번째 연설자가 김일성이라고 하는데, ≪정로≫에서는 金永煥(김영환)이라고 한다. 이 모순은 쉽게 설명할 수 있다. 박병엽의 증언에 따르면, 귀국 직후에 김일성은 '김영환'이라는 가명을 사용했다.[66]

넷째, 립시츠의 보고서는 10월 13일에 설립된 조직을 '북부 도(道) 공산당 조직국(Оргбюро компартии северных провинций)'이라고 부르지만, ≪정로≫에서는 '朝鮮共産黨 北部朝鮮分局(조선공산당 북부조선분국)'이라고 부른다. 나중에 소련 자료에서는 이 조직을 '조직위원회(Оргкомитет)' 또는 '조직국(Оргбюро)'으로 불렀다. 마찬가지로, 당시에 소련 내부 자료에서는 '조직

---

65 ЦАМО РФ. Ф. 33, оп. 686196, ед.хранения.7652. p.194 참조.

66 박병엽, 『조선민주주의인민공화국의 탄생』, 63쪽.

국(Оргбюро)' 명칭만 나왔고, '분국'이라는 명칭은 아예 사용되지도 않았다.

이 수수께끼를 풀기 위해 '北部朝鮮黨(북부조선당) 工作(공작)의 錯誤(착오)와 缺點(결점)에 대하야'라는 김일성의 연설을 살펴보아야 한다. 연설은 1945년 말 또는 1946년 초에 나왔고, 국사편찬위원회가 출판한 '북한관계사료집' 제1권에 수록되어 있다. 연설에는 '우리의 북선분국조직 뷰로'(당시의 문법으로 '組織 뷰로')에 대한 언급이 있다.[67] '뷰로(бюро)'는 러시아말로 곧 '국(局)'이다. 즉, '조선공산당 북조선분국'은 사실상 전체 당 조직이었고, '조직 뷰로'는 이의 지도국이었다. 역시 현재 조선로동당과 로동당 중앙위원회와 비교할 수 있다.

북조선분국과 조직 뷰로 설립은 곧 '김일성 이전의 북한'에서 벌어진 마지막 사건으로 볼 수 있다. 다음 날인 10월 14일에 김일성이 북한 주민의 앞에 나왔고, 김일성 시대가 개막되었다.

8. 10월 14일의 평양 집회와 김일성

김일성이 북조선 주민 앞에 처음으로 나온 날은 1945년 10월 14일이었다. 이날 열린 대규모 집회에서 소련 당국은 그를 '조선 인민의 영웅'으로 소개했다. 이 사건은 김일성 등장의 출발점이었다. 그리고 바로 이날에 김일성은 소련 군복을 벗게 되었다.[68]

---

67 국사편찬위원회, 「資料1. 北部朝鮮黨 工作의 錯誤와 缺點에 대하야」, 『北韓關係史料集 I, 4~5쪽. 책에서 날짜를 '1945.10.11.'로 표시했지만, 오타이다. 필자는 이것의 확인을 위해 직접 국사편찬위원회를 방문해, 북한 사료를 담당한 직원에게 이 날짜가 오타인 것을 확인했다.
68 안드레이 란코프가 유성철과 한 인터뷰, 1991년 1월 29일.

이 집회에 대해 당시 소련군 번역가 발레리 얀콥스키(Валерий Юрьевич Янковский)는 이렇게 증언했다.[69]

우리는 유리 남동생과 함께 붉은 군대 특별부 번역 요원으로 만주 옌지시에서 새롭게 설립된 북조선 수도 평양으로 왔어요. 그쪽에서 1946년 1월까지 복무했죠. 우리와 블라디미르 붓스키(Владимир Бутский)와 니콜라이 풋고르니(Николай Подгорный)를 위한 '사무소'로 단독 아파트를 빌렸어요. 밥을 장교 식장에서 먹었고, 월급은 1000루블 받았어요. 저녁에 시간이 될 때는 즐거운 조선 게이샤들과 함께 상당히 많은 시간을 보냈죠.

10월에 진짜 역사적인 사건이 있었어요. 도시에 'У-2[70]' 비행기가 나왔고 거리에 삐라들이 떨어졌어요. 주민들은 이들을 너무 열정적으로 받았어요. 그러던 중 소년 몇 명은 차에 치였어요. 삐라 내용은 다음 날인 1945년 10월 14일에 도시 중앙 광장 모란봉에서 민족적 영웅 김일성과의 만남이 진행될 것이라는 말이었어요. 저희 번역가들은 이 운명적인 만남에 참가하면서 비공개 방식으로 주변의 이야기를 들으라는 임무를 받았어요.

우리 그루빠는 평양 중심에 있는 모란봉에 도착했죠. 모란봉 꼭대기는 옛날 시대에 건설된 석조 성벽에 둘러싸여 있는데, 성벽에는 200년 전 조선의 북방 수도를 포위한 중국 군대가 사용했던 납 포탄이 박혀 있었어요. 당시 성벽 안에는 넓은 경기장이 있고, 동남쪽에 새롭게 만든 연단이 있었죠. 나무로

---

69 발레리 얀콥스키는 1911년에 러시아 제국 블라디보스토크에서 태어났고, 1922년에 러시아 내전에서 볼셰비키의 승리 때문에 가족과 함께 식민지 조선으로 망명했고 청진시 주변에 살았다. 소일전쟁 때 소련의 선전을 믿고 붉은 군대에 입대해 1945년부터 1946년까지 번역가 군속으로 일했다. 1946년에 체포당했고 1952년까지 수용소에 있었다. 2010년에 별세했다.

70 У-2 또는 По-2는 1920년대 후기부터 1950년대까지 소련 군대가 사용했던 복엽비행기이다.

만든 높은 대(臺)인데, 벤치가 하나밖에 없고, 높지 않은 울타리 속에 연설자들을 위한 강단(講壇)이 있었다는 말이에요.

연단에 특정한 사람들이 있었죠. 벤치에 제25군 사령관 치스탸코프 상장과 군사위원회 위원 레베데프 중장(sic)[71]이 앉아 있었어요. 그들 사이, 바로 중간에 빈자리가 있었어요. 옆에 명예 손님, 장교와 저희 통역가들이 모여 있었죠. 주민들은 온 경기장을 꽉 메웠어요. 앞에 서 있는 청년들도, 남자들도, 여자들도 과꽃과 국화 다발을 들고 있는 것이 눈을 끌었죠.

일본 점령자들로부터 조선이 해방된 것에 관한 조선어나 러시아어 연설들이 많았고, 다들 이해할 수 있도록 연설은 곧바로 통역됐죠. 특히 러시아 출신자로서 조선에서 잘 알려져 있는 여자 혁명가 박정애의 감정적인 연설을 기억하게 됐죠. 그녀는 오랫동안 감옥에 있었죠. 키가 작고 튼튼한 그녀는 나중에 새로운 조선 정부의 문화상이 되었지만, 나중에 적합지 않아 추방당하고 탄압까지 당했다고 전해 들었어요.

인민이 더 흥분하게 되었지만, 주인공이 보이지 않았어요. 그런데, 연단에 소련군 소령 군복을 입은 조선인 이 씨[72]가 올라와 '지금 여러분 앞에서 조선 인민의 영웅 김일성의 연설이 있겠습니다!'라고 선언했죠. 이어서 같은 말을 조선말로도 반복했죠.

이 정치적 드라마의 대본이 참으로 완벽한 것이었죠. 아군 장군 다리 밑에서, 사람들이 미처 보지 못했던 승강구가 갑자기 열렸는데 귀신처럼 갈색 양복에 붉은 기 훈장을 붙인 청년이 재빠르게 나왔죠. 얼굴은 거무스레하고 광대뼈가 두드러지며, 검은 눈썹, 뒤쪽으로 빗어 넘긴 반짝이는 머리카락……얼굴이 조금 더 성숙해 보였지만, 그 순간에 나는 기억해냈죠.

---

[71] 레베데프는 당시에 소장이었다.
[72] 얀콥스키는 여기서 잘못 기억했을 가능성이 매우 높다. 사진 자료를 보면 소령은 미하일 칸이었다.

1945년 10월 14일. 김일성의 양복에서 붉은 기 훈장을 볼 수 있다. 김일성 옆에 서 있는 장교는 미하일 칸 소령이고, 뒤쪽에 소련군 장군들이 서 있다. 오른쪽에서 왼쪽으로 니콜라이 레베데프, 안드레이 로마넨코 그리고 이반 치스탸코프이다.

나중에 북한 당국이 이 사진에서 태극기, 소련 국기, 소련 장교들과 붉은 기 훈장을 삭제하고 편집된 사진만 공개한다. 왼쪽 사진은 북한의 '우리민족끼리'라는 사이트에서["새 조선의 어버이", 우리민족끼리, http://www.uriminzokkiri.com/index.php?ptype=great&who =1&categ1=1&categ2=10&index=1&pagenum=1&no=285(검색일: 2017.10.10).] 그리고 오른쪽 사진은 2014년 7월 3일에 ≪로동신문≫에 실린 사진이다.

원래 만주 항일 빨치산이었던 민족적 영웅의 상당히 상세한, 아마 연습해서 완성한 연설이 끝난 후 장군들 쪽으로 [그가] 들어왔고 벤치에 앉았죠. 빈자리가 누구를 위해 준비되었는지 잘 이해가 되었죠.

연설이 계속되었지만, 장군들과 김 씨는 연단에서 내려가 굴러온 장갑차를 타고 나갔어요. 이날 북조선은 자기들의 수령을 얻게 됐어요.

9. 김일성 시대의 개막

1945년 10월 14일 '민족적 영웅' 김일성이 조선 사람들 앞에 나왔다. 소련 당국은 분명히 그를 북조선의 지도자로 임명할 의지가 있었다. 그런데, 다음 사료를 보면 상황이 조금 더 복잡했다고 주장할 수 있다.

전(全) 소련공산당(볼셰비키) 중앙위원회 비서 말렌코프(Маленков) 동지,
소비에트 연방 국방 인민위원회 위원 보좌 불가닌(Булганин) 대장 동지
붉은 육군 총정치국장 시킨 상장 동지께

원래 보고해드렸던 내용에 추가로 다음과 같이 보고합니다.
북조선에서는 10월 20일 현재 공산주의자가 3000명 이상 있습니다. 모든 이북 5도에서 당의 도(道)위원회가 설립되었으며, 군대 내에 군 위원회도 다수 형성되었습니다. ……
평양시에는 10년 동안 만주의 조선인 빨치산 부대 사령관을 지냈고 1941년부터 1945년까지 하바롭스크 지역 88특수여단 대대장이었던 김일성이 있습니다. 김일성의 이름은 조선 인민에게 잘 알려져 있습니다. 그는 일본 제국주의에 맞선 투사이며 조선 인민의 항일 영웅으로 알려져 있습니다. 조선 인민

사이에는 이 사람에 대한 수많은 일화가 있고, 그는 정말로 조선 인민에게 전설적인 영웅이 되었습니다. 일본인들은 김일성을 잡기 위해 다양한 방법을 사용했고, 그의 체포에 거액의 현상금을 걸기도 했습니다.

김일성은 모든 민주 계층, 특히 농민들에게서 인기가 높습니다.

김일성은 향후 조선 정부를 위한 적합한 후보자입니다.

인민민주전선이 설립되면 김일성은 이를 지도할 만한 사람일 것입니다.

김일성의 대항마로, 미국인들은 하와이 열도에서 유명한 조선인 망명자인 이승만을 조선에 데리고 왔습니다. 10월 20일에 이승만을 찬양하는 데모가 서울에서 진행되었습니다.

결론과 제안

박헌영이 영도하는 조선공산당 중앙위원회는 조선에서 진행되는 혁명을 부르주아 민주주의 혁명으로 봐야 한다는 올바른 입장을 유일하게 갖고 있습니다.

박헌영이 영도하는 조선공산당 중앙위원회를 조선의 전체 공산주의 조직들을 영도하는 중앙 기관으로 인정해야 합니다. 박헌영은 가장 준비된 간부로서 그가 자기 기관을 강화하도록 도와주어야 합니다. ……

공산당, 민주당, 민주청년동맹, 여성민주조직, 직업동맹 등을 통합하여 반일 민주 조직으로 통일된 민주연합을 설립해야 합니다. 이 연합 지도자로 제일 인기가 높고 인민이 사랑하는 민족적 영웅, 김일성을 임명해야 합니다.[73]

만일 김일성이 이미 북한 지도자로 최종 승인된 상태였다면, 사료의 저자는 '김일성을 지도자로 임명하면 좋겠습니다'라고 서술하는 대신, '스탈

---

[73] ЦАМО РФ. Ф. 172, оп. 614631, д. 23. pp.21~26.

린 동지의 명령에 따라 김일성을 지도자로 임명하도록 하겠습니다'라고 서술했을 것이다.

게다가, 1946년 3월 15일에 붉은 군대 총정치국 제7과장인 미하일 부르체프(Михаил Иванович Бурцев) 소장이 당 중앙위원회 후보위원 알렉산드르 파뉴시킨(Александр Семёнович Панюшкин)에게 제출한 보고서, 즉 소련 측이 승인하여 미소공동위원회에 제출하려고 하는 '조선 통일 민주 정부(Временное демократическое правительство Кореи)' 구성원의 목록에서 김일성은 군무상(軍務相, военный министр)에 불과했다.

> 수상 여운형, 부수상 김규식, 외무상 허헌, 노동상 홍남표, 체신성 부상(副相) 안기선(Ан Ги-Сен), 재정성 부상 박문규(Пак Му-Гю), 무역성 부상 이누엽(Ли Лу-Ев), 부수상 박헌영, 내무상 최용건, 군무상 김일성, 공업상 김무정, 교육상 김두봉, 선전상 오기섭, 경제계획 위원회 위원장 최창익, 임야(林野)성 부상 명자옥(Мен Дя-Ок), 교통성 부상 한혜진(Хан Хе-Дин), 보건성 부상 이상숙(Ри Сян-Сук), 입각 예비 후보자: 김기정(Ким Ги-Ден), 김계린(Ким Ге-Рин), 호기주(Хо Ги-Дю), 홍장영(Хон Чан-Ен), 김명희(Ким Мен-Хи).[74]

즉, 소련이 임시적으로만 김일성을 북조선 지도자로 임명했다고 주장할 수도 있다. 만약에 신탁통치 계획이 실패하지 않았거나 미국이 많이 양보해서 좌파·공산주의자들이 주도하는 통일 정부를 승인했다면, 소련 측이 김일성이 아니라 다른 사람을 통일 조선의 지도자로 승인할 수 있었다. 김일성 자신이 이 사실을 알았는지 알 수 없으며, 만약 알았다고 한다면 어떻게 반

---

[74] "Характеристика на кандидатов во Временное демократическое правительство Кореи(조선임시민주정부 구성원 후보자 평정서)," РГАСПИ. Ф. 17, оп. 61. pp.12~14.

응하려고 했을지도 알 수 없다.

　김일성이 권력을 얻는 과정에서의 마지막 단계는 1949년 6월 30일 남북 로동당 합병과 동시에 조선로동당 위원장이 된 것이었다. 위에 언급한 투마노프의 칼럼에는 이것에 대한 최종 결정이 1947년에 나왔다는 주장이 있다.[75]

　1947년 말기에 중앙에서 '특별 통신 전문가'라고 소개를 받은 사람이 왔다. 소련 군대는 그와 그의 보좌관 3명을 왕처럼 모셨지만 조선인들은 그들과 만날 수 없었다. '전문가'님은 시트코프 사무실에 계속 있었고, 시트코프의 의자에도 앉았다. 나중에 그는 베리야가 보낸 특파원인 것이 밝혀졌다. 그는 평양에서 이틀도 안 보냈지만, 여러 번 '개인 담화'를 위해서 김일성을 호출해 만난 적이 있다. 바로 이때의 시트코프 사무실에서 누가 조선로동당의 위원장이 되는지 결정되었다.

　위에서 서술한 사실을 간단하게 요약하면, 김일성이 소일전쟁 이전에는 사회주의 조선의 후보자 중에 한 명이었고, 1945년 8월 또는 9월부터 임시 지도자로 승인되었고, 1947년에 최종적으로 북조선 지도자로 임명되었다는 결론을 내릴 수 있다.

75　Туманов Г., "Как изготовляли великого вождя(위대한 수령을 만든 과정)," *Новое время*, No.16(1993), pp.32~34.

제6장

맺음말

1. 북조선에서의 '인민민주주의' 제도 설립 과정의 특징

제2차 세계대전의 핵심적인 결과 중에 하나는 사회주의권의 확장이었다. 소련은 일본제국, 독일, 핀란드의 일부 지역을 직접 합병했고, 점령 지역의 압도적 다수 지역에서 위성 정권을 세웠다.[1] 소련의 간접적 통제·현지 공산 세력 지원 또는 직접 통치를 받아 1940년대 말부터 1950년대 초의 동아시아에는 중화인민공화국, 베트남민주공화국 그리고 조선민주주의인민공화국이, 동유럽에서는 독일민주공화국, 체코슬로바키아공화국, 알바니아인민공화국, 유고슬라비아연방인민공화국, 불가리아인민공화국, 루마니아인민공화국, 헝가리인민공화국 그리고 폴란드인민공화국 등 이른바 '인민민주주의' 국가들이 건국되었다.

---

[1] 예외는 오스트리아와 노르웨이이었다. 이 나라의 일부 지역을 소련 군대가 해방했지만, 나중에 소련 당국은 군대를 철수했고, 사실상 나라 전체를 통치하는 자본주의 정권 설립을 허용했다.

위에서 볼 수 있는 것처럼, 이들의 국명(國名)에는 '사회주의'라는 단어가 들어가지 않았다. 독자들이 더 익숙한 '베트남사회주의공화국', '체코슬로바키아사회주의공화국', '유고슬라비아연방 사회주의공화국', '루마니아사회주의공화국' 등의 명칭들은 1960년대에야 나왔다. 그때까지 이들 국가는 공식적으로 사회주의 나라가 아니었고, 소련 당국이 이들 '인민민주주의 나라' 지도자들에게 보냈던 공식 서한에서 이들을 '동지(товарищ)'가 아니라 '선생(господин)'이라고 호칭했다.

인민민주주의 제도 자체는 제2차 세계대전 종결 직후에 소련이 실시한 정책의 결과였다. 소련의 정책에 대해 고찰해보면, 헨리 포드의 '모든 고객은 자신이 원하는 색의 차를 고를 수 있다. 그것이 검은색이기만 하다면'이라는 명언이 떠오른다. 즉, 한편으로, 소련은 민주 정권 설립에 대해 심하게 반대하지 않았다. 소련에게 무엇보다 중요한 것은, 이 나라들이 소련에 복종하는 것이었다. 소련이 가진 의도의 결과는, 이 나라들 대부분에서 아주 짧은 민주주의 기간이 있은 후에 '인민민주주의' 국가들이 공산화되었으며, 결국 소련의 위성 정권이 설립된 것이었다.

역사 학자들이 주로 동유럽의 인민민주주의 제도, 즉 소련의 위성 국가 제도의 설립 과정을 분석할 때는 1952년에 영국 학자 휴 시턴 왓슨(Hugh Seton-Watson)이 제안한 모델을 사용한다.

시턴 왓슨은 인민민주주의 제도의 설립 과정을 '순수한 연대', '가짜 연대', '유일 제도'의 3가지 단계로 나누었다.[2]

동유럽의 경우에 이 모델은 아주 합리적으로 보인다. 1944~1945년 나치로부터의 해방과 소련 군대의 점령 직후에 '순수한 연대', 즉 첫 번째 단계

---

[2]   Hugh Seton-Watson, *The East European Revolution*(London: Methuen Co., Ltd, 1952), pp.167~171.

가 시작되었다. 그 당시에 공산당은 아직 여당이 아니었고, 다른 정당과 경쟁할 수도 있었다. 대표적인 사례는 1945년 11월 4일에 진행된 헝가리 총선이다. 이 총선거에서 비공산권 정당인 독립소농업자·농업근로자·시민당(Független Kisgazda-, Földmunkás- és Polgári Párt)은 57%의 지지율을 얻어 승리했고, 헝가리 공산당의 득표율은 3위에 불과했다.

'가짜 연대' 단계에서는, 공산당이 여당이 되고 야당들은 탄압을 받지만, 이들의 활동이 아직 금지되지 않았다. 일반적으로 비공산 세력에 대한 탄압 정책은 '인민의 정권을 반대하는 세력을 용납할 수 없다'는 구실을 이용하여 정당화되었다. 시간이 지날수록, 야권 매체와 비공산권 세력들은 사라지게 되었다.

마지막 단계인 '유일 제도' 시기에는, 공산당을 제외한 세력이 명목상 존재할 수는 있지만, 실제로 실권이 없는 것은 물론, 공산당의 노선과 일치되지 않는 제안을 할 수도 없다. 이 단계는 1950년대 초기부터 1980년대 말기까지 전체 동유럽에서 진행되었고, 1980년대에 공산권의 붕괴로 종결되었다.

이 모델을 본 연구의 결과에 적용하면, 한편으로 북조선에서의 인민민주주의 제도의 설립 과정은 모델과 확실히 구별되는 특징이 있다고 할 수 있고, 다른 편으로 휴 시턴 왓슨의 모델 자체에 약간 수정이 필요하다는 결론을 내릴 수 있다.

동유럽에서도, 북조선에서도 붉은 군대가 도착하자마자 새로운 정권의 설립이 시작된 것이 아니라, 소련 군대가 군 관리부 등의 통치 기관을 설립하고, 상황을 파악하는 동안인 몇 주 동안 나라는 혼란 상태에 있었다. 즉, 실제로 첫 번째 단계는 '순수한 연대'라기보다 '혼란한 시국'이라고 보아야 할 것 같다.

이 연구의 결과에서, 북조선에서 이 '혼란한 시국'의 단계가 2달 정도 있었다는 것을 볼 수 있으며 이 시기는 김일성과 아무 관계가 없었다고 할 수 있다.

그리고 동유럽과 북조선의 상황을 비교하면, 무엇보다 큰 차이점은 동유럽의 대부분 나라들과 다르게, 북조선 역사에서 '순수한 연대' 단계가 보이지 않는 것이다. 1945년 가을부터 소련 당국은 이미 공산 세력을 중심으로 하는 정권의 설립을 시작했다. 시턴 왓슨 모델로 표현하면 이 시기는 곧 '가짜 연대'였다. 즉, 1945년 말부터 북조선은 소련의 지시를 받는 조선공산당 북조선분국(나중에 북조선로동당)이 다스리게 되었고, 나중에 생긴 조선민주당이나 천도교청우당이 존재하기는 했지만, 실권은 아예 없었다.

이 사실을 보면, 당시의 북조선에서 시민사회가 매우 약했다고 설명할 수 있다. 첫째, 1910년까지 존재했던 이씨 왕조 정권은 절대 군주제였고, 식민지 시대에 천황의 칙령으로 임명된 조선 총독도 독재자였다. 사이토 마코토(齋藤實) 총독 재임 시기에 조선에서 제한적인 자치기관들이 생겼지만, 이 기관들의 권한은 매우 작았고, 자치기관들의 선거 때 고소득자가 아닌 조선인들은 투표권조차 없었다.

둘째, 사이토 총독과 우가키 가즈시게(宇垣一成) 총독의 재임 시기, 즉 이른바 '문화 통치' 시대에 총독부는 반일 감정을 표현하는 매체를 허용했지만, 1936년 미나미 총독 임명 직후부터 조선에서 통제와 검열이 매우 강화되어, 총독부의 노선과 일치되지 않는 표현이 금지되었다.

게다가, 식민지 조선의 지식적 중심지는 경성부였다. 경성은 38선 이남의 지역 위치해 있으므로 1945년 당시에 대부분의 조선 지식인과 시민 활동가들은 남조선에 있었다.

즉, 1945년 당시에 북조선은 35년 동안 국가의 지위가 없었고, 9년 동안 완전 독재하에 있었으며, 주요한 시민 활동의 중심지도 없었던 지역이었다. 따라서, 당시에 북조선 주민의 목소리는 미약했다. 그렇지만 당시에 신의주의 조선사회민주당을 비롯한 여러 가지 정당이 설립되었고 활동한 것을 보면, 북조선에서 이러한 목소리가 완전히 없었다고는 주장할 수 없다. 그러나 소련 당국에 일시적 타협(순수한 연대)을 강요할 힘이 없었고, 그러기에는 너무 약했다. 이 때문에 1945년 10월에 소련군 통치가 본격화된 이후, 북조선은 소련 군대의 뜻에 의해 움직였다. 따라서 1945년 8~10월 사이에 잠시나마 존재했던 북조선 주민들의 언론, 정당, 시민 단체들은 역사 속으로 사라졌다.

부록

1945년 당시 조선과 관계가 있는 주요 일본 간부와 소련 간부

일본 간부

경성에 소재한 조선총독부의 간부			
이름(한국어)	이름(일본어)	군사 계급	직위
아베 노부유키	阿部信行	대장	조선총독
엔도 류사쿠	遠藤柳作	민간인	조선총독부 정무총감
고즈키 요시오	上月良夫	중장	제17방면군 사령관
구보 미츠오	久保満雄	소장	제17방면군 참모장
니시히로 다다오	西廣忠雄		조선총독부 경무국 국장
고모다 코이치	菰田康一	중장	경성사관구(京城師管區) 사령관

경성에 소재한 조선총독부의 간부북조선에 소재한 일본 간부			
이름(한국어)	이름(일본어)	군사 계급	직위
다케시타 요시하루	竹下義晴	중장	평양사관구(平壤師管區) 사령관
니시와키 무네키치	西脇宗吉	중장	라남사관구(羅南師管區) 사령관
구시부치 센이치	櫛淵鎗一	중장	제34군 사령관
가와메 타로	川目太郎	소장	제34군 참모장
오하시 겐조	大橋建三	대좌	평양사관구(平壤師管區) 참모장
후루카와 가네히데	古川兼秀		평안남도 도지사
야마지 야스유키	山地靖之		평안북도 도지사
쓰쓰이 타케오*	筒井竹雄		황해도 도지사
기시 유이치	岸勇一		함경남도 도지사
와타나베 시로	渡部肆郎		함경북도 도지사
이케 키요시	池清		평양부 부윤
니와세 노부유키	庭瀬信行		함흥부 부윤
가마타 시게루	鎌田茂		신의주부 부윤
오이시 다케오	大石武夫		일본질소비료회사 흥남본부 부장
시무라 도요히코	志村豊彦		함흥경찰서 서장
가미지마 신키치	神島新吉		신의주경찰서 서장

주: * 쓰쓰이 타케오 도지사는 소련의 포로가 되었는데, 1950년에 귀국했고 나중에 일본 자위대의 첫 번째 육상막료장이 되었다.

소련 간부

소련에 소재한 간부			
이름(한국어)	이름(러시아어)	군사 계급	직위
이오시프 스탈린	Иосиф Виссарионович Сталин	소비에트 연방 대원수	소비에트 연방 최고 지도자
안드레이 즈다노프	Андрей Александрович Жданов	상장	볼셰비키당 중앙위원회 정치국 위원
라브렌티 베리야	Лаврентий Павлович Берия	소비에트 연방 원수	내무인민위원회 위원
솔로몬 로좁스키	Соломон Абрамович Лозовский	민간인	외무인민위원회 위원보좌
알렉세이 안토노프	Алексей Иннокентьевич Антонов	대장	붉은 군대 총참모장
알렉산드르 바실렙스키	Александр Михайлович Василевский	소비에트 연방 원수	극동 지역의 소비에트 군대 총 사령관
키릴 메레츠코프	Кирилл Афанасьевич Мерецков	소비에트 연방 원수	제1극동전선 사령관, 연해 군구 사령관
막심 푸르카예프	Максим Алексеевич Пуркаев	대장	제2극동전선 사령관, 극동 군구 사령관
이오시프 시킨	Иосиф Васильевич Шикин	상장 -	극동 지역의 소비에트 군대 총 사령부 군사위원회 위원, 붉은 육군 총정치국장
테렌티 시트코프	Терентий Фомич Штыков	상장	제1극동전선 군사위원회 위원
콘스탄틴 칼라시니코프	Константин Фёдорович Калашников	중장	연해군구 정치부장
보리스 사포즈니코프	Борис Григорьевич Сапожников	소장	극동 지역의 소비에트 군대 총 사령부 정치부 제7국장
니콜라이 니키텐코	Николай Тихонович Никитенко	군의 소령	제2극동전선 제88독립여단 군 의(軍醫)위생중대 소대장
게오르기 투마노프	Георгий Афанасьевич Туманов	소령	극동전선 간부부 상급 보좌관

북조선에 소재한 간부			
이름(한국어)	이름(러시아어)	군사 계급	직위
이반 치스탸코프	Иван Михайлович Чистяков	근위 상장	제25군 사령관
이반 유마셰프	Иван Степанович Юмашев	해군 상장	태평양 함대 사령관
발렌틴 페니콥스키	Валентин Антонович Пеньковский	근위 중장	제25군 참모장
파벨 라구틴	Павел Филиппович Лагутин	중장	제25군 부사령관
니콜라이 레베데프	Николай Георгиевич Лебедев	소장	제25군 군사위원회 위원
안드레이 로마넨코	Андрей Алексеевич Романенко	소장	제25군 소속 소련 민간관리부 부장
이반 푸르소프	Иван Сергеевич Фурсов	소장	제25군 군사위원회 위원
니콜라이 아노힌	Николай Александрович Анохин	소장	제25군 방첩부 부장
알렉산드르 이그나티예프	Александр Матвеевич Игнатьев	대령	제35군 정치부 부장; 나중에 소련 민간관리부 행정정치국장
알렉산드르 그로모프	Александр Георгиевич Громов	대령	제25군 정치부 부장
게라심 발라사노프[1]	Герасим Мартынович Баласанов	국가 안전 대령	정치 참사
야코프 말리크	Яков Александрович Малик	민간인	소일전쟁 발발 당시 주 일본 소련 대사
게오르기 표도로프[2]	Георгий Александрович Фёдоров	중령	제1극동전선 정치부 선동선전국 선동 요원
그리고리 메클레르	Григорий Конович Меклер	중령	제1극동전선 정치부 제7국 국장
비탈리 라닌	Виталий Митрофанович Ланин	중령	제25군 작전참모부 부부장
유리 립시츠	Юрий Давыдович Лившиц	소령	제1극동전선정치부 적군 및 민간인과의 관계국 정보과 과장, 연해군구 제7국 부국장
미하일 칸 (강영구)*	Михаил Иванович Кан (Кан Ёнгу)	소령	번역가

미하일 비갈록	Михаил Яковлевич Вигалок	소령	제25군 정치부 제7국 국장
레오니트 바신	Леонид Тимофеевич Васин	소령	제25군 정치부 제7국 부국장
콘드라티 레페신스키	Кондратий Васильевич Лепешинский	소령	제2극동전선 정치부 제7국 상급 지도원
라자르 두만	Лазарь Исаевич Думан	소령	제2극동전선 정치부 제7국 편집출판과 과장
김일성	Цзин Жи-чен / Цзинь Чжи-чень / Ким Ирсен	대위	제2극동전선 제88독립여단 제1보병대대 대대장
이반 네우메이코프	Иван Степанович Неумейков	대위	제25군 정치부 선전가
발렌틴 팍*	Валентин Пак	대위	번역가
정상진*	Тен Сан-Дин / Юрий Данилович Тен	민간인	태평양 함대 참모부 정찰국 번역가
이반 로보다	Иван Гаврилович Лобода	상위	기자, 제2극동전선 정치부 제7국 신문문필 부원
드미트리 초이*	Дмитрий Цой	상위	번역가
문일*	Эри(Эрик) Александрович Мун	중위	제2극동전선 제88독립여단 통신대대 라디오 교관

주: 1) 아르메니아 출신. 본명 발라시얀(Баласьян).
　　2) 일상생활에서는 '유리(Юрий)'라는 이름을 사용했다.
　*　표시는 고려인

김일성 이전의 북한 사건 일람표(날짜순)[1]

8월	9일	・ 소련 붉은 군대, 일만(日滿) 군대를 공격함. 소일전쟁 발발
	10일	・ 미군 대령 딘 러스크와 찰스 본스틸, 조선반도를 38선으로 분리하는 계획 제안 작성
	11일	・ 붉은 군대, 웅기 상륙작전 ・ 미군, 조선반도 분리 계획에 대한 토론
	13일	・ 붉은 군대, 청진 상륙작전 시작 ・ 미국 국무·육군·해군조정위원회, 38선 분계선 계획 승인 ・ 후루카와 가네히데 평안남도 도지사, 아베 노부유키 총독으로부터 건국준비위원회(Подготовительный комитет для создания правительства Кореи) 설립에 관한 명령을 받음. 후루카와 도지사의 지도하에 열린 특별 회의에서 평안남도 건국준비위원회 설립에 관련된 결정을 함
	14일	・ 트루먼 대통령, 38선 분계선에 관한 대통령령 하달
	15일	・ 히로히토 천황의 항복을 선언하는 연설이 방송됨('옥음 방송') ・ 평양 신사 방화
	16일	・ 붉은 군대, 청진항 점령 ・ 스탈린, 38선 분계선 계획을 조건 없이 승인 ・ 성진부(府), 조선인 보안대가 결성됨 ・ 함흥 형무소에 수감했던 일반 사범, 경제범 및 정치범 석방

1　이 일람표는 이 책에서 언급한 사료, 그리고 모리타 요시오의 연구와 그가 수집한 일본인의 증언으로 작성되었다. 森田芳夫, 『소련군의 북한 진주와 인민위원회의 결성』; 森田芳夫, 『朝鮮終戰の記録』 참조.

17일 · 성진부 보안대 대장, 일본 군대의 무장 해제를 요구함. 성진부
　　　에 주둔 중인 일본 군대는 거부함
　　 · 아베 총독, 후루카와 평남 도지사에게 조만식을 평안남도 건국
　　　준비위원회 위원장으로 임명하라는 명령 하달
　　 · ≪고카이닛포(黃海日報)≫ 신문, ≪특보≫로 개명, 제1면 조선
　　　어, 제2면 일본어로 게재, 편집권이 조선인에게 넘어감

18일 · ≪헤이조닛포(平壤日報)≫ 폐간
　　 · ≪오코닛포(鴨江日報)≫ 신문, 제1면을 조선어로 게재
　　 · 원산에 위치한 일본군 비행대, 일본 본토 마이즈루로 이동 시작
　　 · 해주항에 위치한 각 공장들, 관리권이 조선인에게 넘어감

20일 · 일본군, 사실상 저항을 멈춤
　　 · 소련군, 성진에 진주

21일 · 성진부에 위치한 일본군이 무장을 해제함
　　 · 원산에 위치한 일본군 비행대, 일본 본토 마이즈루 시(市)로 이동
　　　완료

23일 · 신의주에서 우리청년회라는 정치조직이 결성됨
　　 · 일본 제34군, 무장 해제
　　 · 소련군, 개천 진주

24일 · 치스탸코프 상장은 비행기로 함흥에 도착, 일본군 제34군 사령
　　　부에게 항복 과정에 대한 지시를 내림
　　 · 조선 민족 함경남도 집행위원회 결성

25일 · 라닌 중령, 평양을 방문해서 관찰함
　　 · 치스탸코프 상장, 행정 수도로 평양을 선택하기로 결정함
　　 · 붉은 군대 선발대, 진남포부 도착

26일 · 평양 철도 호텔에서 평양사관구(平壤師管區) 사령관 다케시타 요시하루 중장이 치스탸코프 상장 앞에서 항복문서에 서명함
· 평안남도 건국준비위원회 대표자들과 치스탸코프 상장의 회동
· ≪평양매일신보≫ 폐간[주활석(Дю Хвал-сэк) 편집장]
· 소련군, 순천 진주

27일 · 시무라 도요히코(志村豊彦) 함흥경찰서장이 부하 30명과 함께 억류당함
· 쓰쓰이 타케오 황해도 도지사, 경성을 방문해 아베 총독과 면담함

28일 · 기시 유이치(岸勇一) 함경남도 도지사가 도청 직원들과 함께 체포당함

29일 · ≪인민신문≫ 창간(주활석 편집장)
· 북조선에서 붉은 군대를 찬양하는 시위가 진행됨

30일 · 김일성, 붉은 기 훈장을 수훈하다

31일 · 민족사회당 창당

9월 2일 · 연합국 및 일본 제국 대표자, 미주리함 함상에서 일본 제국의 항복문서에 서명함
· 붉은 군대 본부대가 진남포부에 도착
· 야마지 야스유키(山地靖之) 평안북도 도지사를 비롯한 평안북도 간부들이 체포되고, 평양에 위치한 형무소에 일시적으로 수감됨

3일 · 현준혁 암살 사건
· 제1극동전선 정치부 제7국에 조선어를 할 줄 아는 장교와 부사관이 파견됨
· 신의주에서 사회민주당이 창당됨
· 야마지 평북 도지사 비롯한 간부, 삼합리 수용소로 이송

6일 · 붉은 군대, 정주에 진주

7일 · 후루카와 가네히데 평안남도 도지사가 평양 부윤 등 평안남도의 주요 일본인 간부들과 함께 체포됨

11일 ・ ≪인민신문≫ 폐간

・ 함흥시의 모든 신문이 폐간됨

・ 붉은 군대, 선천에 진주

13일 ・ 황해도의 일본인 간부들에 대한 체포 시작

14일 ・ 쓰쓰이 타케오 황해도 도지사는 도청 직원들에게 작별 인사를 함

13,15,16일[1] ・ 해주시에서 공산당 위원회 습격 사건이 발생. 부위원장, 도(道) 콤소몰 위원장, 위원회 경제국 부국장 등 5명 사망

15일 ・ 함흥에서 친미 시위 발생

16일 ・ 함흥에서 친소 시위 진행

17일 ・ 쓰쓰이 타케오 황해도 도지사를 비롯한 황해도 도청 직원들이 체포됨. 평양에 위치한 소련군 형무소로 이송

・ ≪고카이닛포(黃海日報)≫, ≪특보≫, ≪자유황해일보≫로 개명했던 신문은 결국 ≪일간자유황해≫로 개명

19일 ・ 소련 군대 기관지 ≪조선신문≫의 창간에 관한 이오시프 시킨 상장의 명령이 하달됨

・ 김일성, 조선으로 귀환함

10월 11일 ・ 치스탸코프 상장, 정당의 설립에 관한 제령을 하달함

13일 ・ 북조선 5도 공산당 회의 진행, 북조선을 다스릴 독자 조직을 설립함

14일 ・ 평양시에서 진행된 집회에서 소련 군대는 김일성을 '조선 인민의 영웅'이라고 공개함. 김일성 시대의 개막

주: 1) 소련 자료들에는, 이 사건 날짜에 대한 모순된 증언이 있다.

■부록 3■

1945년 10월 14일의 집회에서 김일성이 한 연설

1949년에 북한에서 발간된 첫 번째 『조선중앙년감』에서는 김일성이
1945년 10월 14일의 집회에서 한 연설의 전문을 찾을 수 있다.

우리의 解放(해방)과 自由(자유)를 위하여 싸운 쏘聯(련) 軍隊(군대)에게
眞心(진심)으로 感謝(감사)를 드린다.

36年間(년간) 우리를 壓迫(압박)하던 日本帝國主義(일본제국주의)는 쏘聯
軍(련군)의 英雄的 鬪爭(영웅적 투쟁)으로 滅亡(멸망)을 當(당)했다.

우리 民族(민족)은 36年間(년간)의 暗黑 生活(암흑 생활)에서 光明(광명)을
맞나 解放(해방)과 自由(자유)를 얻고 또 三千里江山(삼천리강산)은 燦然(찬
연)한 아침 해발같이 希望(희망)에 빛나게 되었다.

朝鮮 民族(조선 민족)은 이제로부터 새 民主 朝鮮 建設(민주 조선 건설)에
힘을 合(합)하여 나가야겠다. 어떠한 黨派(당파)나 個人(개인)만으로 이 偉大
(위대)한 革命(혁명)을 完遂(완수)할 수는 없는 것이다. 돈이 있는 者(자)는 돈
으로 知識(지식) 있는 자는 知識(지식)으로 勞力(노력)을 가진 者(자)는 勞力
(노력)으로 참으로 나라를 사랑하고 民主(민주)를 사랑하는 全 民族(전 민족)
이 完全(완전)히 大同團結(대동단결)하여 民主主義(민주주의) 民主獨立國家
(민주독립국가)를 建設(건설)하자!

朝鮮 獨立 萬歲(조선 독립 만세)!

쏘聯軍隊(련군대)와 쓰딸린 大元帥 萬歲(대원수 만세)!

朝鮮 民族(조선 민족)의 굳은 團結 萬歲(단결 만세)![1]

나중에 북한 당국은 1940년대의 역사를 매우 심하게, 거의 전부 왜곡했다. 그들은 김일성의 '조선인민혁명군'이 북조선을 '해방했다고' 주장했고, 1940년대 건국 과정에서의 소련의 역할을 대부분 부정하게 되었다. 당연히, 1940년대에 관한 사료를 심하게 왜곡해서 발표했다. 편집된 연설의 전문은 1979년에 나온『김일성 저작집』2에서 처음 나왔고, 나중에『김일성 전집』에도 게재되었다.3 다음은 편집된 연설의 전문인데, 이것을 보면 실제 연설문과 매우 다른 것이 분명히 보인다.

기존 연구들에서는 '김일성 저작집' 또는 다른 북한 문서, 특히 공개된 문서들을 추가적인 검토 없이 사료로 사용할 수 없다는 관찰이 있는데,4 필자는 이 관찰이 옳다는 것을 다시 한번 강조할 목적으로 1979년에 최초로 나온 가짜 연설의 전문을 아래에 게재한다. 독자들이 볼 수 있는 것처럼, 이것은 1949년에 발표한 원문과는 거의 일치하지 않는다.

모든 힘을 새 민주 조선 건설을 위하여

친애하는 동포 여러분!

나는 오늘 이처럼 우리를 열렬히 환영하여 주는데 대하여 여러분에게 뜨거운 감사를 드립니다.

해방된 조국에서 동포들과 이렇게 만나게 되니 참으로 기쁩니다. 우리는 조국 광복의 력사적 위업을 실현하고 여러분과 만날 오늘을 위하여 오래동안

---

1   『朝鮮中央年鑑 1949』, 63쪽.

2   김일성, "모든 힘을 새 민주조선 건설을 위하여",『김일성 저작집 제1권』(평양: 조선로동당 출판사, 1979), 346~353쪽.

3   김일성, "모든 힘을 새 민주조선 건설을 위하여",『김일성 전집 제2권』(평양: 조선로동당 출판사, 1992), 137~143쪽.

4   『金日成 著作 解題』(서울: 民族統一硏究院, 1993).

일제 침략자들과 싸워왔습니다.

지난날 36년 동안 우리 민족을 압박하고 착취하던 간악한 일본 제국주의는 패망하고 기나긴 세월 삼천리 조국 땅 우에 드리웠던 검은 구름은 가시여졌으며 우리 민족이 그처럼 애타게 고대하던 해방의 날은 오고야 말았습니다. 일제의 야만적인 식민지 통치 밑에서 신음하던 3천만 조선 민족은 식민지 노예의 쇠사슬을 끊어버리고 자유와 해방을 찾았으며 암흑 생활에서 벗어나 광명한 새 생활의 길에 들어서게 되였습니다. 오늘 우리의 삼천리강산은 찬연한 아침 해발과 같이 희망에 넘쳐 빛나고 있습니다.

우리 인민은 일제의 가혹한 탄압 속에서도 혁명적 지조와 민족적 절개를 굽히지 않고 빼앗긴 나라를 찾기 위하여 국내외에서 일제 침략자들을 반대하는 피어린 투쟁을 하여왔습니다. 특히 조선의 참다운 애국자들은 조국의 광복과 인민의 자유와 행복을 위하여 직접 손에 무장을 잡고 오래동안 일제를 반대하는 간고한 무장투쟁을 벌렸습니다. 그들은 난관이 앞을 가로막을 때마다 일제놈들에게 짓밟히고 있는 조국과 인민을 생각하면서 더욱 용기를 냈으며 온갖 곤난과 시련을 용감하게 이겨내며 조국 해방의 성스러운 위업을 실현하기 위하여 영웅적으로 싸워왔습니다.

나는 일제의 모진 탄압과 박해에도 굴하지 않고 조국 광복의 력사적 위업을 실현하기 위하여 열렬히 싸워온 혁명 투사들과 동포 여러분에게 심심한 경의를 표합니다.

나는 또한 이 자리를 빌어 우리 인민의 해방 위업을 도와준 쏘련의 영웅적 붉은 군대에 충심으로 감사를 드립니다.

친애하는 동포 여러분!

제2차 세계대전에서 쏘련 군대의 결정적 역할에 의하여 전 세계 인류의 가장 악독한 원쑤이던 파시스트들이 격멸되였으며 오늘 세계에는 새로운 정세가 조성되였습니다. 구라파와 아세아의 많은 나라 인민들은 파시즘과 제국주의의 기반에서 벗어나 새로운 민주주의의 길로 나아가고 있으며 세계 이르는 곳마다에서 피압박 민족들은 자유와 민주주의와 민족적 독립을 위하여 힘차게 싸우고 있습니다. 오늘 세계 반동 세력은 몰락과 멸망의 길을 걷고 있으며 국제 민주 력량은 막을 수 없는 새로운 거대한 힘으로 장성 강화되고 있습니다.

이러한 국제 정세하에서 우리 인민은 새 력사를 창조하는 길에 들어섰습니다.

조국 광복의 세기적 숙망을 실현한 오늘 조선 인민 앞에는 새 조선을 건설하여야 할 력사적 과업이 나서고 있습니다. 우리 민족은 이제부터 자기의 국가를 세우고 완전한 민족적 독립을 성취하기 위한 건국 사업을 다그쳐나가야 합니다.

우리는 해방된 조선에 민주주의적인 자주 독립국가를 건설하여야 합니다. 민주주의적인 자주 독립국가를 건설하는 것은 조선의 구체적 현실과 우리 인민의 의사에 전적으로 맞는 것입니다. 이러한 국가를 건설하여야만 우리나라를 부강하고 문명한 나라로 만들 수 있으며 우리 민족의 번영을 이룩할 수 있습니다.

우리가 민주주의적인 자주 독립국가를 건설하지 않고서는 나라의 부강 발전을 이룩할 수 없을 뿐 아니라 식민지 노예의 운명을 면할 수 없습니다.

조선 인민은 지난날의 생활 체험을 통하여 식민지 노예의 처지가 얼마나 비참한가 하는 것을 똑똑히 알고 있습니다.

지난날 일본 제국주의자들은 조선을 강점하고 야만적인 식민지 통치를 실시하면서 우리 인민을 가혹하게 탄압하고 닥치는 대로 검거 투옥, 학살했으며 우리 민족을 말살하려고 미쳐 날뛰였습니다. 조선 인민은 악독한 일제놈들의 극심한 민족적 억압과 착취를 받았으며 초보적인 정치적 권리와 민주주의적 자유마저 빼앗기고 피눈물 나는 식민지 노예 생활을 강요당하여왔습니다.

우리 인민은 절대로 식민지 노예의 길을 다시 걸을 수 없으며 망국노의 쓰라린 생활을 되풀이할 수 없습니다.

해방된 조선의 주인은 바로 우리 조선 인민입니다. 지난날 일제의 식민지 통치 밑에서 갖은 천대와 멸시를 받으면서 살아온 로동자, 농민을 비롯한 근로 대중이 새 조선의 참다운 주인으로 되여야 하며 그들에 의하여 나라의 모든 문제가 해결되여 나가야 합니다. 우리는 전체 인민이 정치에 참가하며 근로대중이 잘살 수 있는 참다운 인민의 나라, 부강한 새 민주 조선을 건설하여야 합니다.

그러기 위하여서는 무엇보다도 주권 문제부터 해결하여야 합니다.

새 조선에 세워야 할 정권은 인민대중의 리익을 철저히 옹호하며 나라와 민족의 부강 발전을 확고히 담보할 수 있는 참다운 인민의 정권입니다. 이러한 정권은 바로 민주주의 인민공화국입니다.

우리는 하루빨리 모든 지방에 인민정권기관을 조직하고 그것을 튼튼히 꾸리며 그에 토대하여 민주주의인민공화국을 세워야 하겠습니다. 그리하여 인민정권으로 하여금 지난날 억눌려 살아오던 우리 인민에게 참다운 정치적 권리를 보장하며 행복한 생활을 마련하여주도록 하여야 할 것입니다.

새 민주 조선을 건설하기 위하여서는 친일파, 민족 반역자를 비롯한 반동 분자들을 반대하는 투쟁을 힘 있게 벌려야 합니다.

오늘 친일파, 민족 반역자들은 새 조선 건설을 방해하려고 별의별 음모를 다 꾸미고 있습니다. 친일파, 민족 반역자들의 책동을 짓부셔버리지 않고서는 참다운 인민의 정권을 세울 수 없으며 나라의 민주화를 실현할 수 없습니다. 우리는 친일파, 민족 반역자들의 일거일동을 예리하게 살펴야 하며 반동분자들의 온갖 반민주주의적 책동을 철저히 폭로 분쇄하여야 하겠습니다.

이와 함께 일제 사상 잔재를 반대하는 투쟁을 강화하여야 합니다. 우리는 일본 제국주의자들이 부식한 낡은 사상 잔재를 철저히 뿌리 빼고 모두 다 높은 민족적 긍지와 자부심을 가지며 새로운 민주주의 사상으로 무장하여야 하겠습니다.

민주주의 자주 독립국가를 건설하는 데서 나서는 중요한 문제의 하나는 나라의 경제를 부흥 발전시켜 민족경제의 토대를 튼튼히 닦는 것입니다.

일본 제국주의자들은 조선에서 악독한 식민지정책을 실시하면서 우리나라의 민족경제 발전을 극도로 억제하였으며 조선에 좀 건설된 공장, 기업소들마저 패망하고 쫓겨 가면서 모조리 파괴하였습니다. 일제놈들은 우리의 농촌경리도 황폐화시켰습니다.

이러한 형편에서 우리는 나라의 경제를 하루빨리 부흥시키기 위하여 힘써야 합니다. 나라의 경제를 발전시켜야만 령락된 인민 생활을 추켜세울 수 있고 완전한 독립을 성취할 수 있으며 조국의 륭성 발전을 이룩할 수 있습니다.

전체 인민은 있는 힘과 지혜와 기술을 다 바쳐 일제놈들에 의하여 파괴된 공업과 황폐화된 농촌경리를 하루빨리 복구하고 나라의 경제 토대를 튼튼히 닦기 위한 투쟁을 힘 있게 벌려야 하겠습니다.

민주주의적 교육제도를 세우고 민족문화를 개화 발전시키는 것은 부강하고 문명한 나라를 건설하기 위하여 나서는 절박한 과업입니다.

지난날 일본 제국주의자들은 우리 인민을 무지와 몽매 속에 몰아넣고 소나 말과 같이 부려먹기 위하여 식민지 노예 교육정책을 실시했으며 우리의 말과 글, 우리 민족의 모든 고귀한 문화유산을 짓밟고 민족의식을 없애려고 미쳐 날뛰였습니다.

우리는 일제의 반동적인 식민지 노예 교육제도의 잔재를 철저히 쓸어버리고 인민적인 교육제도를 세워 근로인민의 아들딸들에게 배움의 길을 활짝 열어주어야 하며 우리의 민족문화를 되살려 민주주의적 기초 우에서 발전시키기 위하여 힘써야 하겠습니다.

동포 여러분!

오늘 조선 민족 앞에 나선 건국 사업은 참으로 중대하고 위대한 사업입니다. 이 력사적 위업을 성과적으로 수행하는가 못하는가 하는 것은 전적으로 우리 인민이 어떻게 투쟁하는가에 달려 있습니다. 우리는 새 민주 조선 건설을 위하여 모든 힘을 다하여야 하겠습니다.

민주주의 자주 독립국가를 건설하는 이 위대한 사업은 어느 한 당파나 개인의 힘만으로는 완수할 수 없습니다. 새 민주 조선을 건설하기 위하여서는 전 민족이 굳게 단결하여야 하며 전체 인민이 힘을 합쳐야 합니다. 우리가 민족적 단결을 이룩하여야만 친일파, 민족 반역자들의 온갖 책동을 철저히 물리칠 수 있으며 조성된 혼란을 빨리 수습하고 건국 위업을 다그쳐 나갈 수 있습니다.

민족적 단결을 이룩하는 것은 새 민주조국 건설에서 나서는 근본 문제입니다. 전 민족이 단결하지 않고서는 민주주의 새 조선 건설도 나라의 완전한 독립도 기대할 수 없습니다. 우리는 민족적 단합을 이룩하지 못하여 나라를 망쳐먹고 망국노의 비참한 처지에 빠졌던 지난날의 쓰라린 교훈을 결코 잊어서는 안 될 것입니다.

지금 일본 제국주의 앞잡이를 비롯한 반동분자들은 가는 곳마다에서 민족의 단결에 지장을 주는 행동을 감행하고 있습니다. 우리는 원쑤들의 이러한 민족 분렬 책동을 제때에 철저히 짓부셔버려야 하며 각계각층 인민들은 새 조국 건설을 위하여 굳게 뭉쳐야 하겠습니다.

전 민족의 단결을 보장하기 위하여서는 각계각층의 광범한 인민대중을 망라하는 민주주의 민족통일전선을 형성하여야 합니다. 오늘 우리나라의 정세는 하루빨리 민주주의 민족통일전선을 형성하고 모든 애국적 민주 력량을 튼튼히 묶어세울 것을 절박하게 요구하고 있습니다. 우리는 나라의 완전 독립과 민주주의적 발전을 념원하는 모든 애국적 민주 력량을 민족통일전선에 튼튼히 묶어세워야 하겠습니다. 그리하여 전체 인민의 단합된 힘으로 건국 사업을 해나가야 할 것입니다.

우리 조선 민족이 민주주의 새 조선을 건설하기 위하여 힘을 합칠 때는 왔습니다. 각계각층 인민들은 누구나 다 애국적 열성을 발휘하여 새 조선 건설에 떨쳐나서야 합니다. 힘 있는 사람은 힘으로, 지식 있는 사람은 지식으로, 돈 있는 사람은 돈으로 건국 사업에 적극 이바지하여야 하며 참으로 나라를 사랑하고 민족을 사랑하고 민주를 사랑하는 전 민족이 굳게 단결하여 민주주의 자주 독립국가를 건설해 나가야 하겠습니다.

　　오늘 우리 앞에는 부강한 새 조선을 건설할 수 있는 넓은 길이 펼쳐져 있습니다. 그러나 새 조선의 광명한 앞날은 저절로 오는 것이 아닙니다. 민주주의 자주 독립국가를 건설하기 위하여서는 중첩되는 난관을 뚫고 나가야 하며 많은 일을 하여야 합니다. 전체 인민은 어디까지나 우리 자신의 힘으로 건국하겠다는 굳은 각오를 가지고 일해 나가야 하겠습니다.

　　우리 민족이 힘과 지혜를 합치면 못해낼 일이 없으며 점령하지 못할 요새가 없습니다. 우리 인민은 찬란한 민족문화를 가진 슬기로운 인민입니다. 일본 제국주의 식민지 통치에서 해방된 우리 인민은 오늘 새 민주 조선을 건설하려는 열정으로 가득 차 있으며 하루빨리 완전 자주독립이 성취되기를 열망하고 있습니다. 그러므로 우리는 얼마든지 자체의 힘으로 부강한 민주주의 자주 독립국가를 건설할 수 있습니다.

　　전체 조선 인민은 휘황한 앞날에 대한 커다란 포부와 승리에 대한 확고한 신심을 가지고 새 민주 조선을 건설하기 위하여 모두다 힘을 합쳐 용감하게 싸워 나아갑시다.

조선 독립 만세!

조선 인민의 통일 단결 만세!

표도로프와 립시츠의 보고 요지(한국어 번역)

비밀

연해군구 정치부장
칼라시니코프 중장 동지께

보고 요지

귀하께서 지시하신 조선에서 농업 제도를 알아보라는 임무를 수행하면서 저희는 현지의 정치적·경제적 상황에 대해 알아봤습니다. 한 달 반 동안 조선에 거주하면서 황해도, 평안북도, 평안남도 등 3개 도(道)를 방문했고, 저희는 여러 가지 중대한 사실을 목격해서 이들에 대해 다음과 같이 보고합니다.

1. 군 경무사령부

아군 사령부와 북조선의 천만 명의 인구가 연계를 맺는 주요 기관은 아군의 도(道), 시(市) 그리고 군(郡)의 군(軍) 경무사령부입니다. 군(郡) 경무사령부는 도, 시 경무사령부보다 숫자가 더 많습니다. 이들은 전체 인구의 3분의 2를 통제하므로, 다른 경무사령부보다 더 중요한 것입니다. 그런데, 대부분의 경무사령부의 사업을 납득할 수가 없습니다. 일반적으로 경무관들은 자기 지역, 또한 전체 조선의 경제적·사회적 상황에 관한 지식이 부족하며 이들의 신탁하에 사는 주민들과 올바른 관계를 맺지 못합니다. 이들의 사업 방식은 노골적인 행정화(голое администрирование)[1]와 탄압뿐입니다.

게다가, 군(郡) 경무관들은 경무사령부가 위치한 군(郡)의 행정의 중심지인 도시만 통제합니다. 경무사령부 군인들은 리(里)와 면(面)들에 거의 방문하지 않고, 리와 면사무소와 관계를 맺지 않으며, 조선 시골의 생활과 상황에 대해 관심을 갖지 않습니다. 특히 현재까지 52개 경무사령부에 통역원이 없는 것은 경무사령부의 사업에 큰 해로움을 주며 현지 사무소와 주민들과의 직무 관계를 취약하게 만듭니다. 이들은 얼굴의 표정과 손짓으로만 의사소통을 합니다.

경무사령부의 정치 담당 부경무관(副官)의 대부분은 군(郡)이나 시(市)의 정치적 지도자의 위치에 적합하지 않습니다. 이들은 주로 어느 정도 군사 정치 사업을 알지만, 민간인 특히 외국 민간인들과의 정치 사업에서 아예 능력이 없는 젊은 위관 장교(74명 중에 44명)들입니다.

언어는 물론(통역원이 없는 것은 바로 여기에 제일 큰 영향을 미칩니다), 현지의 정치적·경제적 제도, 민족적 특징, 사회적 생활에 대한 무지(無知) 또한 [북조선 인민들을] 정치적으로 감화시키는 올바른 방식을 찾을 수 없게 하며, 경무사령부의 정치 일꾼들을 경무사령부의 저능한 부속물에 불과하게 만듭니다. 이들은 현지의 정치적 단체들의 출판물, 선동, 선전, 학교와 극장 사업 등을 통제할 수 없습니다. 가장 나은 상태인 이들도 차단과 탄압만 할 뿐입니다. 게다가, 서울에서 민족주의적 선전 그리고 미국의 선전이 모든 곳에 침투되고 있는데 이들은 이것을 포착하지 못합니다. 마지막으로, 수많은 경무사령부에는 아예 정치 담당 부경무관이 없습니다. 아직도 28개 경무사령부에서 정치 담당 부경무관이 보충되지 못했습니다. 경무사령부는 총 102개

---

[1]   현재 북한에서도 많이 사용하는 '노골적인 행정화'라는 표현은 부하의 의견을 아예 듣지 않고 폭군처럼 다스린다는 뜻이다.

인데, 정치 담당 부경무관이 있는 경무사령부는 74개입니다.

조선의 시(市)와 군(郡) 경무사령부의 사업 방식은 일반적인 군사 경무사령부와 차이점이 별로 없습니다. 이들의 사업은 법률을 위반하는 군인을 구류하는 것과, 통과하는 군부대에 숙영지를 제공하는 데 거의 국한됩니다. 이들은 주로 현지의 경찰을 관리하고 매춘굴, 여관, 식당, 술집 등을 통제하기 위해 노력합니다. 즉, 주로 경찰 임무만 진행합니다.

예를 들면, 아래와 같은 방식은 황해도 신천군의 군 경무관 티모페예프 (Тимофеев) 대위의 특징입니다. 그가 경무사령부에 호출되는 조선 사람들과 대화하는 방식은 권총집에서 일부러 권총을 꺼내서 책상에 놓고 공갈하는 것입니다. 그는 근무시간 대부분을 매춘굴 사냥, 매춘부 등록, 여관과 식당을 통제하는 등의 일에 쓰고 있을 뿐입니다. 그는 다른 일을 거의 안 합니다. 자기 군(郡)의 경제적·정치적 상태에 관심이 없습니다. 저희가 '군에서 제일 부유한 지주가 누구이며 그가 보유하는 농토가 얼마 정도 넓은가?'라고 물어봤을 때 그는 대답하지 못했습니다. 그런데 군에서 제일 부유한 지주가 곧 현지의 자치기관인 군(郡) 인민위원회 위원장인 것을 발견했습니다. 이 사람은 경무관의 묵인하에 새로운 정권과 소련 사령부의 사업을 노골적으로 사보타주합니다. 그가 설립한 '인민위원회'는 거의 모두 지주와 부르주아 분자 그리고 이들의 졸개로 구성되었습니다. 티모페예프 경무관은 이 모든 것을 알아채지 못했고 올바른 조치도 진행시키지 않았습니다. 이 군(郡)에서 최근에 있었던 사건들은 결코 우연한 일이 아니었습니다.

평안북도 구성군의 경무관 칼레딘(Каледин) 대위도 티모페예프와 마찬가지의 사업 방식을 특징으로 합니다. 그는 매우 젊은 사람인데, 전쟁 초기에 하사관이었고, 입대 전에는 전기인입공이었습니다. 그의 정치적 지식은 매우 부족합니다. 그에게 경찰적 사업 방식은 더 가깝고 당연한 것입니다. 게다가, 그에게는 아직까지 정치 담당 부경무관이 없습니다.

저희는 군 경무사령부의 [직무의 효율성을] 강화하기 위해서 다음과 같은 조치가 필요하다고 생각합니다:

군(郡) 군(軍) 경무관, 또한 정치 담당 부경무관의 성원을 바꾸고 현재 임명된 자를 대신하여 과거에 소비에트나 당 사업 경험이 있는 소령 이상의 영관급 장교를 임명해야 합니다(구역 집행위원회나 구역 당위원회 일꾼 출신).

도(道) 군사고문관들이 경무관을 통제, 지도하는 사업을 강화해야 합니다.

즉시 28개 경무사령부의 정치 담당 부경무관을 보충해야 합니다.

부족한 조선인 통역원 52명을 경무사령부에 파견하고 사업을 촉진해야 합니다.

2. 군인의 정치적·도덕적 상태

조선에서 우리 군대 및 우리나라의 명예와 체면을 손상시키는 군인의 부도덕한 행위가 파국적인 [수준이며] 광범위하게 존재합니다. 아군 부대가 배치된 모든 도시와 군(郡)들에서 밤에도 총소리가 납니다. 다른 도시[에 배치된 부대들]보다 어느 정도 규칙을 잘 지키게 된 [부대가 주둔중인] 평양에서도 매일 밤 총성이 울립니다.

모든 비상한 사건과 부도덕적 행동의 원인은 통음인데, [이것은] 어디에서든지 관찰할 수 있습니다. 특히 신의주시에서 심하며, 백주 대낮에도 거리에서 만취한 군인들을 볼 수 있습니다. 저녁마다 모든 여관 및 매춘굴(신의주에 매춘굴이 70개 이상 있습니다)에서 진탕 마시는 술판이 벌어집니다. 만취한 장교, 병사들은 번갈아 매춘부와 성교하는데, 같은 곳에서 순찰 사업을 하는 경무사령부 부대들은 이를 묵인합니다. 이 모든 무례한 행위를 주도하는 자들은 신의주에 배치된 공군 사단[정치부장 추닉(Цуник) 중령]의 성원들입니다. 사령관 데미도프(Демидов) 소령을 비롯한 같은 지역에 배치된 보병 연대의 성원들도 그들에게 뒤지지 않습니다. 데미도프는 토요일 아침부터 다음날 저녁까지 이틀 동안(12월 8~9일) 그에게 특별히 할당된 경무사령부에 소속된 여관의 방 2개에서 매춘부들과 진탕 마시는 술판을 계속 벌였습니다[그리고 같은 곳에서 군사 고문관 그라포프(Графов) 대령과 도(道) 경무관 기르코(Гирко) 중령 이 거주했는데 이들은 이 모든 것을 자기 눈으로 보고 있었습니다]. 저희의 제안에 따라 도 경무사령부의 정치 담당 부경무관 아갸소프(Агясов) 소령은 만취한 데 미도프를 감화하려고 했는데 데미도프는 괘씸한 욕설로 답하면서, 여관의 방을 "기르코 경무관님께서 나에게 주셨다"고 주장했습니다.

또한, 신의주 도 경무사령부에는 다음과 같은 특징이 있습니다. 기르코 가 이틀 동안 회의 때문에 평양으로 출장을 떠났는데, 그의 대리인 표도로 프2 소령은 이틀 동안 과음해서 술에서 깨지 않았고 경무사령부 사무실에 오지도 않았습니다. 사무실에는 당직 하사관만 남아 있었고, 장교는 한 명도 없었습니다. 둘째 날에 저희는 그의 집을 찾았는데, 고주망태가 된 표도로프 를 비롯하여 만취한 연락병들이 있는 모습을 보았습니다. 나머지 경무사령 부 장교들의 위치는 알아내지 못했습니다. 대도시인 신의주는 이틀 동안 사 실상 경무 감독을 받지 못했습니다. 이런 상태이기 때문에 최근에 조선 민족 주의자들의 시위가 바로 신의주에서 있었던 것은 어느 정도 설명할 수 있습 니다.

매일, 모든 곳에서 수많은 장교와 병사들이 저지르는 매우 많은 약탈과 폭력 등의 사실은 이들이 처벌을 받지 않는다는 사실로서 설명할 수 있습니 다. 예를 들면, 신의주에 매치된 제884공항서비스대대 소속인 막시모프(Ма ксимов) 보급 상위는 정기적으로 약탈을 하지만 아무 처벌을 받지 않습니다. 12월 6일에 자동차 종대와 함께 구성이라는 도시를 지나간 막시모프는 부

---

2   이 보고 요지를 작성한 표도로프 중령과 동명이인이다.

하 운전기사 7명과 함께 해당 지역의 조선 여관에 숙박했습니다. 이 집단은 밤새도록 음주에 빠졌고 여성을 요청하면서 소란을 피웠으며 아침에는 숙소비와 음식값을 계산하지 않고 나갔습니다. 12월 11일에, 즉 5일 뒤에 같은 자동차 종대와 함께 돌아오던 막시모프는 다시 구성에서 숙소를 정했습니다. 군(軍) 경무관은 그에게 지난번의 여관 주인에게 돈을 지불하자고 했습니다. 경무관의 압박하에 있었던 막시모프는 매우 귀찮아하면서 계산을 했지만, 나중에 그가 준 돈은 엔이 아니라, 조선에서 안 쓰는 만주 위안인 것이 드러났습니다. 이 도시를 나가면서 막시모프와 그의 부하인 자동소총병은 도시의 변두리에서 지나가는 조선 농민을 강탈했고, 180엔을 빼앗았습니다. 저희는 경무관에게 막시모프가 복무하고 있는 신의주 부대에 그에 대해 즉시 보고할 것을 제안했습니다. 경무관인 칼레딘 대위는 막시모프와 다른 군인에 대해 이미 사령부에 보고를 했지만, 결과가 없었다고 하면서 막시모프는 신의주에서 평양까지 가면서 구성 및 기타 도시들에서 계속해서 난폭한 행위를 한다고 했습니다.

위에서 언급한 신천이라는 도시에서 비슷한 상황을 목격했습니다. 이 도시에 배치된 보병 연대 성원인 장교와 병사들은 연대 사령부 및 군(軍) 경무사령부의 묵인하에 다양한 난폭 행위를 계속합니다. 어느 하루 동안 저희는 다음과 같은 3가지 사건을 목격했습니다. 조선 사람은 고주망태가 된 위관 장교를 떠메고 왔습니다. 피투성이가 된 조선인이 경무사령부를 찾았습니다. 그가 자기 부인을 강간하려고 하는 어느 만취한 장교로부터 부인을 지키려고 하자, 만취한 장교는 연발 권총의 자루로 그를 마구 때렸습니다. 이 연대 소속 통신중대의 군인 집단은 해당 지역의 방적 공장에서 공작기계를 만들기 위해 보관해둔 목재를 훔치고 약탈했습니다. 저희가 병사들을 구류하자, 그들은 중대 사관장의 명령에 따라 "장작을 찾으러 갔다"고 보고했습니다. 바로 전날에 같은 공장에서 누군지 알 수 없는 군인들은 불명료한 인

수중만 남기고 여러 목화 조면기를 가져갔습니다. 이 모든 일들은 경무사령부 사무소 500미터 이내에서 벌어졌습니다.

해주시에 배치된 제258 보병 사단의 일부 당·콤소몰 책임자들도 도시 주민을 폭행합니다. 조선인의 집에서 폭행하다가 그를 저지하는 경찰관을 마구 때려, 처벌로 하룻밤 동안의 경무관 사무소에서의 금고 및 일반 경고만을 받았던 제991보병 연대의 콤소몰 책임자인 첵마료프(Чекмарёв) 소위는 '레닌과 스탈린도 투옥된 적이 있는데 나도 지금 투옥돼 버렸네, 뭐'라고 말했습니다. 군사 고문관 스쿠츠키(Скуцкий) 중령은 사단 정치부[정치부장은 시네오코프(Синеоков) 중령입니다]에 [폭행에 참여한] 당·콤소몰 책임자들을 처벌하자고 여러 차례 요청했지만 반응이 없었습니다.

아군 민간관리부의 협력 덕분에 어렵게 생산을 재개한 공장의 일부는 또다시 멈추게 되었습니다. 생산한 물건 전체를 누군지 알 수 없는 군인들이 강제로 강탈했고 사업가들은 더 이상 일하기를 거부합니다. 예컨대, 견직 공장에서 생산한 명주실을 공군 장교 집단이 강탈했고, 주인에게 1미터 당 1엔씩 지불했습니다. 이런 현실들이 조선 주민들에게 어떤 혐오를 불러일으키는지는 더 이상 이야기할 필요가 없습니다. 주민들은 아군 병사들에게 반감을 느끼기 시작합니다. 게다가, 이 일들은 현지 공산당의 권위에 부정적인 영향을 미칩니다. 해주의 도위원회 비서도 그랬다고 합니다.

모든 부도덕적인 사건의 핵심적인 원인은 상급 지휘관의 모범입니다. 수많은 소규모 또는 대규모 부대의 부대장들이 부하의 눈앞에서 노골적으로 만행을 저지르는 것은 부대 구성원 다수가 이들을 모방하도록 만듭니다. 제258보병 사단의 사령관인 드미트리예프(Дмитриев) 대령은 현지 인민위원회 위원장을 주택에서 [강제로] 퇴거시키고 "조선 사람들은 35년 동안 노예였으며 이후에도 노예로 살아도 돼"라는 말을 했습니다. 그의 자의적 행위는 이 사단의 장교와 전사들을 타락시킬 수밖에 없습니다. 제39군단의 사령관인 모로조프(Морозов) 장군은 현지 박물관의 재산을 비롯하여 최근 그가 탈취한 재산을 훔친 자동차 10대를 이용해 조선에서 [소련으로] 실어갔습니다. 이런 지휘관들을 당 차원에서 방지하려고 하는 군(軍) 정치부장 그로모프(Громов) 대령의 시도는 항상 군 사령관 치스탸코프 상장의 반대에 직면합니다. 다음과 같은 사실에서 그의 특징이 보입니다. 군 정치부장이 귀하께서 보내신 군내 규율을 지키는 것은 군 정치부장의 개인 책임이라는 노동자·농민의 붉은 군대의 총정치국 명령 제003호에 관한 암호통신에 대해 그에게 보고했을 때, 치스탸코프는 '군에 사령관도 있고 군사위원회도 있다고 군구에 보고하라'고 말했습니다. 군(軍) 사령관 자신조차 부정 축재를 한다는 주장도 있습니다. 평양에서 현지 정부가 치스탸코프에게 그가 화재 피해자라는 [이유로] 30만 엔을 배상했다고 하는 소문이 돌고 있는데, 저희가 확인할 수 없습니다. 알려져 있는 것처럼, 11월 16일에 사령관의 집과 전체 재산이 화재로 파괴되었습니다. 또 알려져 있는 것은 그들이 화재의 원인을 [반소 분자들의] '파괴 활동'이라고 주장했지만, 실제 원인은 22시간 동안 계속된 사령관 부인의 송별회 술잔치였다는 것입니다.

　　마지막으로, 최근의 신천군 사건들에 관하여 신천 주민들이 [소련 당국에] 협박을 할 경우에 '조선 주민의 절반을 교살하겠다'고 하는 군(軍) 사령관의 언명은 그가 예측 능력이 부족하다는 증거입니다.

　　노동자·농민의 붉은 육군 총정치국 명령 제003호에 따라서, 군대에 규율을 세우기 위해, 그리고 제25군 내에서의 정치적·도덕적 상태를 건전하게 하기 위하여 가장 긴급하고 단호한 조치가 필요합니다. 정치적·교양적 감화를 강화하기 위해서 첫 단계에서 가장 무자비한 탄압적 조치를 시행해야 합니다. 우선적으로 부대, 연합부대의 사령관인 상급 지휘관 몇 명을 [본보기] 삼아 처벌해야 합니다. 명령을 통해서 전체 군(軍)에게 징벌에 대해서 알려주어야 합니다. 현재까지의 경험은 그렇게 하지 않는다면 탄압이 아무

효과가 없다는 것을 보여줍니다. 그럼에도 불구하고 이미 현재까지 주민에 대한 폭행죄를 저지른 여러 병사와 하사관이 총살된 경우에 대해 반드시 군용 매체 및 현지 조선어 매체에 널리 발표해야 합니다. 미국인들은 서울에서 바로 그렇게 했습니다. 외국에 오랫동안 거주한 군(軍) 성원에 대하여 어느 정도 썩은 분자들을 대상으로 제한된 숙청을 하면 유의미하며, 이 분자들을 소련으로 소환해야 합니다.

3. 북조선 주민의 경제적 상태

공업, 교통 등 경제 분야에서 계속되는 몰락은 노동자와 다른 도시 근로자를 비롯한 주민의 상태에 부정적인 영향을 미칩니다. 상품이 거의 생산되지 않고, 유입되지도 않으며, 있었던 상품들은 시장에서 사라지고 있고, 음식을 포함하여 상품 물가가 날마다 파멸적으로 급등하고 있습니다. 통화 팽창이 분명히 보입니다. 점령 당국이 발행한 화폐의 양이 많아지고 있으며, 음식을 제외하면 이 돈으로 상품을 사기가 거의 불가능합니다. 지금 이 상태에서 이익을 얻는 자들은 매우 비싼 가격으로 농업 상품을 파는 투기업 분자, 지주와 상류층 농민입니다.

공장, 제작소, 광산의 압도적 대부분은 가동되지 않습니다. 노동자들은 일자리를 그만 두었습니다. 황해도 재령군, 평안북도 구성군 등에서 노동자들은 굶고 있으며 일자리를 그만두고 [다른 지역으로] 탈출합니다(한편 구성군의 광산에서 우라늄, 탄탈룸, 베릴륨 등 드물고 매우 귀중한 광물이 추출되었습니다).

해주시에서 제일 큰 야금 공장은 생산된 상품을 판매하지 못해 생산이 멈췄습니다. 공장은 일본인 통치 시대에 쌓아 두었던 광물, 석탄 등의 원료가 확보되어 있지만 생산하지 못합니다.

일하는 노동자와 사무원의 월급은 매우 낮습니다. 아군 사령부의 명령에 따라 월급을 원래 수준, 즉, 붉은 군대가 오기 전의 수준으로 유지되도록 했지만, 가격 상승 때문에 최저생계비가 보장되지 않습니다.

처음에는 지주에게 내는 차지료의 40%가 인하되고 식량 가격이 상승해서 좋아졌던 시골 주민, 특히 농민의 약 70%를 차지하고 있는 소작인의 생활수준은 현재 다시 나빠지기 시작하고 있습니다. 그 이유는 아군의 명령에 따라 진행되는 곡물 공출 때문입니다. 아군이 선언했던 곡물 공출 캠페인은 충분히 숙고한 것이 아니었습니다. 결론적으로 곡물과 고기 공출 계획은 실제 능력을 고려하지 않고 잘못 작성된 것입니다. 일부 군(郡)들에서 공출 계획은 지나치게 높게 세워져서 거의 총수확고 수준으로 계획되었는데 일부 작물의 경우에는 총수확고보다 [공출 계획량이] 더 많습니다. 예컨대, 평안북도 박천군에서 쌀 총수확고는 14만 3000석(1석은 150kg 정도입니다)인데 공출 계획은 13만 3000석입니다. 이 군(郡)에서의 밀의 공출 계획은 2,326석인데, 총수확고는 2,205석에 불과하여 초기에 거의 모든 밀이 소멸되었습니다. 7만 명인 군(郡)의 인구가 1년 동안 생존을 위해 필요한 곡물의 양은 곡물 8만 석과 종곡 3000석, 즉 8만 3000석입니다. 공출 이후에 남는 양은 9000석에 불과합니다. 군(郡)은 기근의 위험에 직면했습니다.

다른 군(郡)들에서는 고기 공출 계획이 지나치게 높게 세워졌습니다. 평균 공출량은 가축 두수 총계의 10%인데, 곳곳에서 이보다 훨씬 높아서, 조선 농촌에서 매우 부족한 부림짐승의 상황을 더욱 악화시킵니다. 농민들의 마지막 수소까지 공출하도록 강요합니다(조선 시골에서 소작인의 압도적 대부분은 부림짐승을 보유하지 않아 주로 3~4가구마다 수소 한 마리가 있습니다).

이러한 상태이기 때문에, 곳곳에서 농민들은 심한 불만을 느끼고 있습니다. 이들은 '일본인들은 더 적게 받았는데요'라고 주장합니다.

곡물 공출을 하는 방식도 농민들의 격노를 불러오는 중요한 요인 중에 하나입니다. 곡물을 조달하는 군사 보급 일꾼들은 군(郡) 경무관들과 함께 노골적 행정화, 위협 그리고 탄압을 통해서 각 농민에게 곡물 공출을 강요했습니다. 공출을 할 때, 일반적으로 현지의 자치기관을 무시했습니다. 군(軍) 소속의 군사보급사무소마다 소위 경쟁이 선언되었습니다. 곡물을 조달하는 일꾼 중 계획을 완수한 첫 번째 사람은 소비에트 연방에서 보낼 수 있는 휴가를 받았다고 합니다. 따라서 조달 담당 일꾼들은 매우 열심히 일하고 있었습니다.

현재는 상황이 바뀐 것 같습니다. 곡물 공출 캠페인은 취소되었고, 대신하여 지방 자치기관들 통해서 집행되는 곡물 강제 수매가 선언되었습니다. 그런데 실제적인 변화는 없습니다. 군(郡), 면(面) 그리고 리(里)마다 공출 계획이 있는데 유일한 차이는 아군 조달 일꾼들이 시골에 내려가지 않고, 그들을 대신하여 지방자치기관인 인민위원회들이 일하고 있다는 것뿐입니다. 이 인민위원회들 대부분은 사보타주적 지주 분자와 이들의 앞잡이들에 의해 어질러져 있습니다. 이들은 농민들에게 자기 행위를 설명할 때, 지금까지의 모든 책임을 붉은 군대에 씌우고 있습니다. 이러한 것들이 우리에게 적대적인 민족주의자와 미국인의 선전을 얼마나 조장하는지는 쉽게 알 수 있습니다.

곡물 공출 상황은 용납할 수 없는 상태가 되고 있으며, 중대한 정치적 결과를 낳을 수 있어 군구 사령부의 개입이 필요합니다.

해주, 신의주 등의 인민위원회 대표자들은 곡물 공출을 붉은 군대의 필요량에 해당하는 수준으로 제한하자고 제안했습니다. 이 제안에 따르면, 공출량은 현재 계획의 30% 정도가 됩니다. 도시 주민에의 공급은 소련 사령부의 개입 없이 인민위원회 자체에서 단독으로 진행하자고 제안했습니다. 저희는 이 제안이 가장 타당하다고 봅니다.

1946년 봄에는 비료가 없어서 농촌 지역은 위험한 상황에 처할 수 있습니다. 이것은 쌀 수확고의 총량을 극심하게 감소시킬 수 있습니다. 제일 큰 비료 공장이 함흥시에 있지만, 현재까지도 생산하지 않고 있습니다. 로마넨코(Романенко) 소장 그루빠의 노력 덕분에 가까운 미래에 공장은 생산을 재개하겠지만, 정상적인 생산량을 산출할 수 없습니다. 매월 몇 십만 톤씩 생산했지만, 그것이 아니라 2만 톤만 생산할 예정입니다. 이것은 창해일속에[3] 불과합니다.

일본인 민간인 주민들의 처지는 극도로 비참합니다. 이들을 도시의 특정 지구에 수용되었는데, 이 지구는 무시무시하게 밀집되어 있고 비위생적이며 추위와 기근의 장소입니다. 일자리는 없습니다. 교수, 기사(技師) 등의 저명한 전문가들도 밥만 조금 받으면서 막노동을 하는 날품팔이꾼이 될 수 있는 것에 기뻐합니다. 평양시에서는 날마다 가건물에서 수십 개의 주검을 옮깁니다. 주검을 처리할 시간이 부족해, 사람들이 사는 주택에 방치되어 있습니다. 이들은 추위와 기아에 시달립니다. 그리고 조선 주민들의 일본인에 대한 학대가 추가됩니다. 일본인들은 밖에 나가는 것을 무서워하고, 거리에나 시장에 나가서 일본인들이 음식을 사기 위해 팔려고 하는 마지막 누더기까지 조선인들이 강탈하는데, 아무 처벌을 받지 않습니다. 전리품인 질이 나쁜 쌀 3만 톤을 일본인 주민들에게 공급하자는 로마넨코 소장과 발라사노프(Герасим Мартынович Баласанов) 정치 참사의 제안을 군(軍) 사령관은 거부했고, 그는 "이 쌀은 이미 경리국에 등록됐다"고 설명했습니다. 또한, 이 쌀은 구더기가 먹고 있는 상태이며 일반적으로 거의 식용에 적합하지 않습니다.

고급 군 지휘관의 일본인 주민들에 대한 태도는 지휘관들이 자주 하는 말로 표현할 수 있습니다. "놈들은 뒈져도 돼".

서울에 거주하는 소비에트 연방 총영사 폴랸스키(Полянский) 동지의 말

---

3   '창해일속(滄海一粟, капля в море)'은 '아주 작고 보잘 것 없는 것'을 의미한다.

씀에 따르면 남쪽에서 미국인들은 일본 주민들을 열심히 고향으로 철수시키며 운송수단도 제공합니다. 남조선에는 현재 일본인들이 많지 않습니다. 이로써 미국인들은 일본 정부에 자국 신민에 대한 보호의 책임을 넘깁니다. 따라서 긴급한 조치를 시행하지 않는다면, 아군 점령지의 일본인 주민들, 특히 만주 지역에서 온 수많은 난민들은 바로 이 겨울에 죽을 수밖에 없습니다.

4. 정치적 상태

저희는 사업을 하면서 다양한 사회계층, 사회단체 그리고 지방자치기관 대표자와 직접 만났는데, 이들의 정치적 심기(心氣)를 가까이 알게 되었습니다. 도시 부르주아 계층, 특히 상업 부르주아들은 제일 낙관적인 소감을 갖고 있습니다. 통제되지 않는 가격 상승, 투기 등은 이러한 사고방식을 형성하기에 충분합니다. 부르주아들이 신경을 쓰는 것은 주로 하나밖에 없습니다. "남쪽에서 북쪽으로 상품이 쏟아질 수 있도록 38선이 언제 폐지될까요?"

현재까지 이 상품들은 남쪽에서 밀수되어 오는데, 밀수의 규모는 상당히 큽니다. 예를 들면, 평안북도 북쪽에서까지 미국산 담배, 뜨개옷 등이 팔립니다. 서울에서 출판되는 조선 및 미국 신문들도 대규모로 반입되며 거리에서 공공연히 팔립니다. 평양이나 다른 도시의 상황도 같습니다.

새로운 체제의 개혁에서 공업가들은 장사꾼처럼 가장 적은 피해만을 입었습니다. 그들은 자기 자본을 생산에 투자할 기회를 기다립니다. 그런데 이들의 활동은 현지에서 교통, 원료 등의 필요한 것들을 구하지 못하는 일이 흔하며, 중공업과 광공업의 경우에는 거래가 없는 등의 극복하기 어려운 방해에 직면합니다. 철도, 자동차 등의 운송수단이 제일 심각한 문제입니다. 철도는 완전한 파탄 상태입니다. 역(驛) 일꾼들은 석탄과 음식이 없어서 정거장 근무를 그만둡니다. 왜 그랬는지 모르지만, 조선 기업가의 재산이었던 것을 포함해서 교통과 운송수단이 갑자기 '전리품'이 돼 버렸습니다. 조선 공장주가 완성품을 반출하고 원료와 기름을 실어가기 위한 운송수단이 없는 경우가 많습니다. 승용차는 물론, 유일한 화물자동차까지도 어느 부대가 몰수했거나, 경무사령부가 '전리품'으로 등록해서 몰수했습니다.

상기한 바와 같이, 무기로 위협해 완성품을 탈취하는 일부 군인의 악행은 수많은 기업가들이 생산을 조직화하는 데 해로움을 줍니다.

어느 술, 담배 공장 또는 다른 공장이 생산을 시작하려면 소련 사령부로부터 운송수단부터 [시작해서] …… 약탈병으로부터 공장을 지킬 자동소총병을 파견하는 것까지의 매우 다양한 신탁과 도움이 필요합니다.

지주들은 새로운 정권으로부터 탄압을 제일 많이 받았던 사회적 집단입니다. 이들은 [기존에] 소작료로 [받던] 총수확고의 50% 대신에 30%만을 받게 되어 이미 '불이익'을 받았습니다. 그리고 이들은 자기가 소유한 농지에 대해 걱정하고 있습니다. 조선에서 토지개혁에 대해 말하거나 쓰는 사람도 없으며 공산당을 포함해 제대로 준비하는 세력도 없습니다. 그런데, 지주들은 무언가 변화될 것임을 느낍니다. 많은 지주들은 농지를 팔려고 하지만, 사는 사람은 없습니다. 농지 가격은 급락했습니다.

지주들은 조선 주민들 중에 제일 반동적인 사회집단입니다. 민족주의 운동은 주로 이들의 지지에 의거합니다. 원래 이들에게 의존하는, [자기 소유의] 토지가 없는 소작인들은 이들을 무서울 정도로 우러러 봅니다. 전체 동양처럼, 조선 농민들은 가장 극빈하며 짓밟히고 계몽이 부족한 사회집단입니다. 이들은 공공연히 토지에 대해 이야기하기 무서워합니다. 공산주의자들은 시골을 방문하지 않습니다. 농민들 중의 사회적 운동은 대체로 없는데 유일한 예외는 공산주의자들이 곳곳에서 조직한 '농민 동맹'(또는 '위원회')입니다. 이런 동맹들은 아직 맹원의 수가 많지 않고, 광범위한 소작 대중에게 영향력이 없습니다. [농민들이] 이 동맹들을 '공산주의적'인 것으로 보고 있는 상황은 [동맹들을] 농민들에게서 멀어지게 합니다. 소작료 인하 외에 시골은 아직 새로운 경향을 받지 못했습니다. 그리고 소작료가 인하된 농민들은 일본인 정권 시기에 못 먹었던 흰밥을 먹게 되었는데, [이들은] 처음에 배부르게 먹는 것에 집중해서 농업의 시장성을 심하게 약화시켰습니다.

거지처럼 토지도 없는 소작인은 자기 '은인'인 지주의 농지 소유권을 침범하는 것을 성물에 대한 모독으로 봅니다. 이들은 지주에게 '무례하게 대하는 것을' 아예 생각조차 하면 안 된다고 봅니다. '농민들은 이 분이 우리에게 나쁜 짓을 한 적이 없습니다'라고 주장합니다. 최상의 경우에 이들은 지주에 대해 '무례하게 대하지 않도록' 통상적인 농지 가격으로 사면 좋다고 보지만('좀 싸면 좋겠어요'), 공짜로 받으면 아예 안 된다고 봅니다. 소작인들은 '그렇게 하면, 나는 이 땅을 자기 재산으로 볼 수 없겠죠. 저는 주인이 아닌 거겠죠'라고 합니다. '근데, 어떻게 사죠? 돈이 어디서 나와요?' 이 질문에 답할 수 있는 사람은 없습니다. 혹시 이 '지주에 대해 무례하게 대하면 안 된다'고 하는 농민들의 심리는 토지 개혁에 대한 일관된 이해가 없는 조선 공산주의자들에게서도 보입니다. 김일성, 오기섭, 김용범 등의 동무들은 저희와 이야기했을 때 농업 문제 해결에 대해 경찰적인 방식만 제안합니다. 그들은 될 수 있는 대로 많은 지주와 재산이 있는 농민들을 '인민의 적'으로 선언하고, 이들의 농지를 몰수하고 빈농들에게 재분배하면 바로 '토지개혁'을 실행할 수 있다고 봅니다. 공산주의자들은 시골 지역에 아직 시골 지역에 갈 생각을 하는 중인데, 이들은 거기서 '토지[개혁]'을 위해 힘이 있는 농업 운동'을 일으킬 목적이 있답니다.

현재 공산당의 상태를 파악하면 이러한 계획은 가장 긍정적으로 평가하더라도 문제가 많다고 보아야 합니다. 조선공산당에서는 아직 자기네들끼리도 질서가 없습니다. 조직적으로 공산당은 아직 숙청이 많이 필요한, 매우 유약하고 불순한 이색분자들에 의해 어지럽혀진 집단입니다. 조선공산당에는 노동자들이 거의 없고 농민들은 전혀 없습니다. 심각한 당내 투쟁이 계속되고 있습니다. 서울에서 박헌영을 반대하는 새로운, 그 무슨, '노동자적' 반대파가 생겼고, 이들은 박헌영이 '미국인에게 넘어간 배신자'라고 비판합니다. 평양에서는 이제서야 김일성이 공산당 당원인 것이 공개되었는데, 이것은 전체 민주주의 운동에 큰 해가 되었습니다. 조만식을 비롯한 민주당 당원들은 김일성이 공산당의 지도자가 될 예정인 것을 원래부터 알았으면, 그가 사상적으로 지도하는 민주당도 창건되지 않았을 것이라고 주장합니다. 조선 대중들에게 김일성이 공산당원인 것을 숨긴다고 하는 우둔하고 근거도 없는 결정은 명백히 해악이 된 중대한 정치적 실수였습니다. 게다가 조선인들은 원래부터 이 사실을 서울에서 [들리는 소식을 통해] 잘 알고 있었습니다.

현재 조선 공산주의자들에게 제일 필요한 것은 사상적 수양입니다. 이들을 위하여 마르크스적 교양을 [지도할] 간부도 필요하고 『전연방 공산당(볼셰비키) 약사(略史)』 등의 도서가 필요합니다. 조선공산당에게 될 수 있는 대로 빨리 이 모든 것들을 도와주어야 합니다.

현지 자치기관, 바로 소위 '인민위원회'는 행정기관의 패러디에 불과합니다. 예외 없이 모든 인민 위원회들에서 똑같은 장면을 볼 수 있습니다. 위원장을 비롯한 모든 관리들이 선철 난로 옆에 앉아서, 담배를 피우면서 홍성거리며 이야기를 나눕니다. 점심시간을 제외한 전체 노동시간은 이렇게 진행됩니다. 퇴근 시간인 4시에는 위원회 사무실에 한 명도 남아 있지 않습니다. 저희들은 3개의 도(道)를 방문했고 인민위원회 수십 개를 봤지만, 작업대에 마주 앉아서 제대로 일하는 관리는 한 명도 보지 못했습니다. 저희의 관찰은, 이 불순한 태만에는 정치적 이유가 있다고 봅니다. 일반적으로 거의 모든 인민위원회들에서 부르주아, 지주 분자들이 우세합니다. 이들 전체는 투표로 뽑힌 사람들이 아닙니다. 위원회들에 진짜 인민의 대표자는 거의 없거나 전혀 없습니다. 현재 [북조선] 국내에 붉은 군대가 배치된 상태에서 이 위원회의 직원들은 책임지고 싶어 하지 않아서 새로운 시대를 기대하며 몸을 피합니다. 어쩌면 이 방방곡곡의 특별한 사보타주는 수도에 위치한 어떤 중심지로부터 지도를 받고 인도될 수도 있습니다.

XXX

아군 '민정청', 소위 '로마넨코 소장의 그루빠'는 자기들이 큰 책임을 진 사업을 매우 어렵게 수행하고 있고 수많은 다양한 방해를 극복하면서 일을 처리하고 있습니다. 기본적인 문제 중에 하나는 인원이 매우 부족하다는 것입니다. 게다가 최근까지 번역가가 없었고, 지금도 부족합니다. 그런데, 여기서 하는 사업은 실제로 인구가 천만 명인, 핀란드보다 3배 더 많고, 헝가리와 거의 똑같은 나라 전체를 관리하는 것입니다. 이 그루빠가 하는 다방면의 국가적, 정치적, 경제적 사업을 위해서는 국가 건설과 경제 분야의 모든 전문가들 외에도 훨씬 많은 인원이 필요합니다. 예를 들어, 조선이 대체로 농업 국가라는 사실에도 불구하고, 그루빠에는 농업 전문가가 한 명도 없다는 사실이 충분히 [실태를 이해하는 것을] 설명해줍니다. 수많은 다른 전문가들도 없습니다. 급기야 다음과 같은 일이 생깁니다. 그루빠의 직원은 지방을 조사할 때 농민들을 근거 없이 '쿨락, 세렛냐 그리고 벳냐'⁴으로 나누었습니다. 즉, 가장 부적절한 기준을 사용했습니다. 이들은 소련의 개념을 토지가 없는 조선 마을의 소작인 대중에게 적용했습니다. 또 다른 경우도 있었습니다. 그

---

4 한국어로 보통 '쿨락(кулак)'은 부농, '세렛냐(середняк)'은 중농, '벳냐(бедняк)'은 빈농으로 번역하지만, 표도로프 중령과 립시츠 소령이 말한 바와 같이 이것은 완벽한 번역으로 볼 수 없다. 쿨락과 세렛냐을 구별하는 제일 중요한 기준은 쿨락이 세렛냐과 달리 다른 농민을 고용하고 이들의 노동을 이용하는 것이다.

루빠의 참모장은 총인구 및 토지조사 진행에 관련된 기술적으로 무능한 명령을 경무사령부에 하달했습니다. 그는 미련스럽게도 행정적 지령(指令)만 내리면 토지조사의 진행이 가능할 줄 알았습니다.

정치적 분야에서 그루빠가 하는 사업은 군(軍) 정치부와 중복됩니다. 예를 들면, 그루빠는 모든 정당과 사회단체를 담당하는데, 군(軍) 정치부(제7국)도 [그것들을] 담당합니다. 지도 사업을 어렵게 만드는 이중주의(二重主義)가 나옵니다. 그래서 피할 수 있는 실수도 나오게 됩니다. 예컨대, 정치부 제7국 검열관인 콘드라튜크(Кондратюк) 소령은 남쪽에서 진행되고 있는 일에 대해 무지해서 현지 신문에 김구가 서울에 도착했다는 보도를 싣는 것을 허용했습니다. 만약에 매체 사업, 검열 사업 등의 정치적 사업을 정치부나 그루빠 둘 중에 한 중심에서 지도했다면 이런 일이 생기지 않았을 것입니다. 만약에 두 번째 방식으로 하려면, 그루빠[이그나티예프(Александр Матвеевич Игнатьев) 대령]과 제7국은 주로 같은 사업을 맡았으므로 정치부 제7국을 그루빠 소속으로 이전해야 합니다.

언론의 경우, 불가닌 동지의 현지 언론의 자유에 관한 지령은 형식상으로만 집행됩니다. 이 문제에 대해서는 주의가 과도합니다. 형식적으로는 다양한 출판물이 허용되었지만, 실제로는 검열 제한으로 나오지 못합니다. 모든 언론을 대상으로 매우 이해하기 어렵고 복잡한 사전 검열이 도입되었는데, 그 대신 일부 신문만 대상으로 하는 사후 검열만 해도 충분합니다. 이런 결정은 현지에서 발행의 창의가 넓어질 수 있게 합니다. 바람직하지 않은 선전을 막기 위해서는 벌금 등의 검열적 탄압만 사용해도 충분합니다. 그리고 조선은 소비에트적 나라가 아니고 부르주아적 민주주의 나라이며 모든 북반부 지방에서 현지 신문의 발행을 기다리는 것보다 서울에서 나온 신문을 구매하는 것이 훨씬 쉽기 때문에 [당국에서 언론통제를 완화하는] 위험한 모험이 아닙니다.

특히 지방에서 이루어지는 출판 사업은 조선인들에게 인쇄 토대가 없어서 어렵습니다. 원래 그곳에 있었던 인쇄소 중에 대부분은 아군의 '전리품'으로 선포되었습니다.

저희가 볼 때, 로마넨코 소장의 그루빠가 하는 사업을 방해하는 기본적인 문제점은 군(軍) 사령부와 적절한 관계 정립이 되어 있지 않다는 것입니다. 형식상 나라를 통치할 권리를 받은 그루빠가 실제로는 아무 권리가 없으며, 군(軍) 사령관에게 완전히 종속되어 있습니다. 그리고 그는 국가 통치 사업에 대해 정치적 통찰력이 부족한 경우도 있습니다. 북조선에 대한 통치 사업을 정상화하는 목적으로서 이 문제의 근본적 해결을 위해 즉시 민간관리부를 군(軍) 사령부로부터 분리하고 직접 군구 군사위원회 소속으로 이전하는 것이 필요합니다.

중령 (서명) 표도로프
소령 (서명) 립시츠
1945년 12월 29일[5]

---

5   Фёдоров, Лившиц. *Докладная записка*(보고 요지).

표도로프와 립시츠의 보고 요지(러시아어 원문)

НАЧАЛЬНИКУ ПОЛИТИЧЕСКОГО УПРАВЛЕНИЯ ПРИМОРСКОГО ВОЕННОГО ОКРУГА ГЕНЕРАЛ-ЛЕЙТЕНАНТУ тов. КАЛАШНИКОВУ

ДОКЛАДНАЯ ЗАПИСКА

Выполняя Ваше задание по изучению аграрных отношений в Корее мы попутно интересовались политическим и экономическим положением на месте. За время полуторамесячного пребывания в Корее, побывав в трех провинциях – Хванхайдо, Северный и Южный Пхэньян мы столкнулись с рядом серьезных фактов, о которых докладываем ниже.

I. ВОЕННЫЕ КОМЕНДАТУРЫ.

Основными органами, через посредство которых наше командование поддерживает контакт с десятимиллионным населением Северной Кореи, являются наши провинциальные, городские и уездные военные комендатуры. Главными являются уездные комендатуры, так как их больше, и они осуществляют контроль над 2/3 населения. Однако работа большинства этих комендатур не отвечает пред"являемым к ним требованиям. Как правило, коменданты слабо ориентируются в политике и экономике своего района и всей Кореи и не в состоянии поддерживать нужных отношений с вверенным под их опеку местным населением. Стиль их работы – голое администрирование и репрессии.

Кроме того, уездные коменданты контролируют только уездные центры – города, в которых расположены сами комендатуры. В деревнях и волостях работники комендатур почти не бывают, контакта с сельской волостной администрацией не поддерживают, жизнью и положением корейской деревни не интересуются. Отсутствие переводчиков – их нет еще сегодня в 52 комендатурах – значительно осложняет работу последних и делает их абсолютно беспомощными в деловых взаимоотношениях с местными властями и населением. Из"ясняются они только мимикой и жестикуляцией.

Заместители комендантов по политической части в большинстве не соответствуют своему назначению политических руководителей уезда или города. Это главным образом молодые лейтенанты /44 человек из 74/, немного знакомые с армейской политработой и совершенно не искушенные в вопросах политработы среди. гражданского населения и в особенности среди зарубежного населения.

Полнейшее незнание ими местного политического и экономического уклада, национальных особенностей, общественной жизни, не говоря уже о языке – отсутствие переводчиков сильнее всего сказывается именно здесь, – также неумение находить нужные методы и формы политического воздействия превращают политработников комендатур в беспомощный придаток последних. Контролировать печать, агитацию и пропаганду местных политических организаций, работу школ, театра и т.д. они не в состоянии. В лучшем случае дело сводится лишь к пресечению и репрессиям. Между тем, националистическая и американская пропаганда из Сеула проникает всюду, и они ее не замечают. Наконец, во многих комендатурах вообще не имеются заместители по политической части. Еще не укомплектованы ими 28 комендатур. Имеется 74, требуется 102.

Городские и уездные комендатуры в Корее по характеру своей деятельности мало чем отличаются о военных комендатур обычного типа. Почти вся их работа сводится к задержанию правонарушителей-военнослужащих и этапному обеспечению проходящих воинских групп. Значительную часть их энергии поглощает работа с местной полицией, а также контроль над публичными домами, гостиницами, ресторанами и питейными заведениями, т.е. – чисто полицейские функции.

Последнее, например, наиболее характерно для коменданта уезда Синсен /пров. Хванхайдо/ капитана Тимофеева. Обычный стиль его бесед с вызываемыми в комендатуру корейцами – запугивание пистолетом, выложенным для этой цели из кобуры на стол. Почти все его рабочее время поглощают облавы на публичные дома, регистрацию проституток, контроль над гостиницами, и ресторанами. Ничем другим он почти не занимается. Экономикой и политическим положением своего уезда он не интересуется. На наш вопрос: "Кто самый крупный помещик в уезде и сколько у него земли?" он затруднился ответить. Между тем самым крупным землевладельцем там оказался сам председатель местного самоуправления – уездного Народного комитета, который при попустительстве коменданта открыто саботирует все мероприятия новой власти и Советского командования. Созданный им "Народный комитет" состоит почти сплошь из помещичьих и буржуазных элементов и их подголосков. Всего этого комендант Тимофеев не замечал и должных мер не принимал. Не случайны поэтому известные события, имевшие недавно место в этом уезде.

Точно такой же стиль работы характерен и для коменданта уезда Кидзио /пров. Сев. Пхэньян/ капитана Каледина. Он очень молодой человек, разведчик по специальности, в начале войны был сержантом, до армии – электромонтером. Его политический кругозор весьма ограничен. Полицейские методы ему ближе и понятнее. Кстати, у него до сего времени нет заместителя по политической части.

Для укрепления Военных Комендатур, по нашему мнению, требуется:

1. Пересмотреть состав уездных военных комендантов, а также их заместителей по политической чести, заменив их старшими офицерами – не ниже майора – обладающими опытом в прошлом советской или партийной работы /работники райисполкомов и райкомов партии/.

2. Усилить контроль и руководство комендантами со стороны провинциальных военных советников.

3. Немедленно доукомплектовать 28 комендатур заместителями по политической части.

4. Ускорить отправку недостающих 52 переводчиков-корейцев для комендатур.

II. О ПОЛИТИКО-МОРАЛЬНОМ СОСТОЯНИИ ВОЙСК.

Аморальное поведение военнослужащих, позорящих честь и достоинство нашей армии и страны, приняло в Корее поистине катастрофические размеры. Повсюду в городах и уездах, где дислоцируются наши части, по ночам раздается стрельба. Даже в Хэйдзио, где порядок относительно лучше, чем в других городах, – не проходит ни одной ночи без стрельбы.

Пьянство – первоисточник всяких ЧП и аморальных поступков – наблюдается повсюду. Особенно оно процветает в городе Сингисю, где даже днем на улицах можно видеть пьяных военнослужащих. По вечерам по всем гостиницам и публичным домам /их насчитывается свыше 70 в Сингисю/ происходят пьяные оргии. Пьяные офицеры чередуются с рядовыми в обладании проституткой, при попустительстве патрулирующих тут же комендантских нарядов. Тон во всех этих безобразиях задает личный состав авиадивизии, дислоцирующийся в Сингисю /нач. Политотдела подполковник ЦУНИК/ Не отстают от них и военнослужащие местного стрелкового полка во глава с его командиром майором ДЕМИДОВЫМ. Последний в течение двух дней с утра субботы и до вечера следующего дня /8 и 9 декабря/ продолжал пьяную оргию с проститутками в специально отведенных ему двух номерах комендантской гостиницы /где, кстати, проживают военный советник полковник Графов и комендант провинции подполковник ГИРКО и на глазах которых это происходило/. Заместитель по политчасти провинциальной комендатуры майор АГЯСОВ пытался, по нашему предложению, воздействовать на пьяного Демидова, но тот ответил ему грубой бранью и заявил, что номера в гостинице ему отвел "сам комендант Гирко". Для провинциальной комендатуры в Сингисю характерно также следующее. Остававшийся вместо Гирко, который выехал на два дня на совещание в Хэйдзио, его заместитель майор ФЕДОРОВ беспробудно два дня пьянствовал и не являлся в комендатуру. В ней оставался только дежурный сержант и не было даже ни одного офицера. Мертвецки пьяного Федорова с пьяными ординарцами мы нашли на второй день дома, местонахождения остальных офицеров комендатуры нам обнаружить не удалось. В течение двух дней огромный город Сингисю оставался фактически вне комендантского надзора. Подобное положение об"ясняет отчасти и причину недавнего выступления корейских националистов именно в Сингисю.

Огромное количество фактов мародерства, насилия и проч.,

совершаемых ежедневно и повсеместно многими бойцами и офицерами об"ясняется их безнаказанностью. Так, например, старший лейтенант и/с МАКСИМОВ из 884 БАО /Сингисю/ систематически мародерствует и это проходит ему безнаказанно. Проезжая 6 декабря через город Кидзио с колонной автомашин, Максимов остановился вместе с 7 своими шоферами на ночлег в местной корейской гостинице. Всю ночь вся компания пьянствовала и буйствовала, требуя женщин, а утром, не расплатившись за ночлег и еду, уехала. 11 декабря, т.е. спустя 5 дней, на обратном пути Максимов с этой же колонне машин снова остановился в Кидзио. Военный комендант предложил ему рассчитаться с содержателем гостиницы за предыдущий раз. С огромным нежеланием, под принуждением коменданта, Максимов отдал деньги, но, как после выяснилось, не иены, а маньчжурские гоби, которые там не ходят. По выезде же из этого города на окраине Максимов с одним из своих автоматчиков ограбил проходившего корейского крестьянина, забрав 180 иен. На наше предложение коменданту сообщать немедленно об этих фактах в Сингисю по месту службы Максимова, комендант капитан Каледин заявил, что он уже докладывал командованию о Максимове и о других, но безрезультатно, и что Максимов постоянно отличается бесчинствами проезжая Кидзио и другие уездные города на пути из Сингисю в Хэйдзио.

Аналогичное положение мы наблюдали и в упоминавшемся выше городе Синсен, где бойцы и офицеры из дислоцирующегося тем стрелкового полка безнаказанно творят различные безобразия при попустительстве командования полка и военной комендатуры. За один лишь день там мы были свидетелями трех следующих случаев. Одного мертвецки пьяного офицера-лейтенанта из полка подобрал и тащил на себе по улице кореец. В комендатуру обратился с жалобой окровавленный кореец, избитый рукояткой нагана одним пьяным офицером за то, что он не допустил насиловать свою жену. Группа бойцов из роты связи этого полка расхищала местный хлопкоочистительный завод, увозя оттуда пиломатериалы, предназначенные для станков. Задержанные нами бойцы доложили, что они по приказу старшины роты "поехали за дровами". Накануне с этого же завода неизвестные военнослужащие вывезли несколько тюков хлопка, оставив неразборчивые расписки. Все это происходило в полукилометре от комендатуры.

В городе Кайсю в насилиях над местным населением активно участвуют отдельные парторги и комсорги подразделений, дислоцирующейся там 258 СД. Комсорг 991 СП мл. лейтенант Чекмарев, отделавшийся лишь ночевкой в комендатуре и простым выговором за то, что избил полицейского, помешавшего ему чинить насилие в квартире корейца, заявил: "ну что, Ленин и Сталин сидели в тюрьме, – теперь и я сижу". Настойчивые требования военного советника подполковника Скуцкого к Политотделу дивизии /нач. – подполковник Синеоков/ примерно наказать некоторых парторгов и комсоргов, оставались без внимания.

В городе Хэйдзио, некоторые предприятия, с трудом пущенные при содействии нашей гражданской администрации, останавливаются вновь. Предприниматели отказываются работать потому, что всю производимую продукцию насильно забирают неизвестные военнослужащие. Так, например, было с шелкоткацкой фабрикой, где готовую продукцию – шелк забрала группа офицеров авиации, уплатив хозяину по 1 иене за метр.

Нет необходимости говорить об отталкивающем влиянии, какое оказывают такие факты на местное население. Оно начинает питать неприязнь к нашим воинам. Кроме того, это отрицательно сказывается и на авторитете местной компартии, о чем, например, заявил нам секретарь обкома в Кайсю.

Главная причина всех аморальных явлений заключается в примере, подаваемом старшими военноначальниками. Недостойное поведение многих малых и больших военноначальников – командиров частей и соединений творящих беззаконие открыто, на глазах у своих подчиненных вызывает массовое подражание. Самочинные действия командира 258 СД полковника Дмитриева, приказывающего выселить из квартиры председателя местного Народного комитета и сопровождающего свои действия словами "корейцы 35 лет были рабами, пусть еще побудут ими" – не могут не оказывать развращающего влияния на офицеров и бойцов данной дивизии. Командир 39 корпуса генерал МОРОЗОВ вывез недавно из Кореи около 10 автомашин с лично им захваченным имуществом, в том числе имуществом местного музея. Попытки нач. ПОАРМ"а полковника Громова обуздать в партийном порядке подобных военачальников неизменно наталкиваются на противодействие Командарма генерал-полковника Чистякова. Для него характерен следующий факт. Когда нач. ПОАРМ"а а доложил ему о Вашей шифровке в соответствии с директивой ГлавПУРККА № 003, возлагающей персональную ответственность на нач. ПОАРМ"а за наведение порядка в войсках, Чистяков сказал: "Сообщите в Округ, что в армии имеются командующий и Военный Совет". Утверждают, что и самому командарму не чуждо стяжательство. В Хэйдзио циркулируют слухи /проверить которые нам не представлялось возможным/, что местное правительство выделило Чистякову 300.000 иен, как пострадавшему от пожара. Как известно, 16 ноября сгорел дом командующего вместе со всем его имуществом. Известно также, что, что пожар возник не в результате "диверсии" как это пытались представить, а вследствие попойки, продолжавшейся 22 часа по случаю проводов жены командующего.

Наконец, заявление командарма по поводу недавних событий в

Синсене о том, что он "перевешает пол-Кореи", в случае осуществления угроз синсенцев – свидетельствуют об его политической недальновидности.

Наведение порядка в войсках и оздоровление политико-морального состояния в частях 25 армии, в соответствии с директивой Глав. ПУ/РККА № 003 требует принятия самых срочных и решительных мер. Усиление политико-воспитательного воздействия должно сопровождаться на первых порах жесточайшими мерами репрессий. При этом примерному наказанию должны быть подвергнуты в первую очередь насколько крупных военачальников – командиров частей и соединений. Наказания должны стать гласными для всей армии, через приказы, в противном случае, как это показывает нынешняя практика, они никакого эффекта не дают. Кроме того, несколько случаев уже произведенных расстрелов рядовых и сержантов за насилия над местным населением необходимо широко опубликовать в армейской и местной корейской печати, как, кстати, сделали это американцы в Сеуле. Целесообразно также произвести частичную очистку личного состава армии от полуразложившихся от длительного пребывания за границей элементов, возвратив их в СССР.

III. ЭКОНОМИЧЕСКОЕ ПОЛОЖЕНИЕ НАСЕЛЕНИЯ СЕВЕРНОЙ КОРЕИ.

Продолжающаяся разруха в народном хозяйстве – промышленности и транспорта – отрицательно сказывается на положении населения в первую очередь рабочих и других трудящихся городов. Производства и притока товаров почти нет, имевшиеся товары постепенно исчезают с рынка, цены, в том числе и на продукты питания катастрофически возрастают с каждым днем. Налицо инфляция. Оккупационных денежных знаков становится все больше, купить на которые почти ничего кроме продовольствия нельзя. Пока что выигрывают от этого спекулятивные элементы, а также помещики и верхушечная часть крестьян, выгодно сбывающие продукты сельского хозяйства по сильно вздутым ценам.

Подавляющая часть заводов, фабрик и рудников стоит. Рабочие деклассируются. Рудничные рабочие /например в уездах Сайней / пров. Хвенхайдо/ и Кидзио / пров. Сев. Пхэньян/ голодают и разбегаются. / Между прочим, на рудниках в уезде Кидзио добывались редкие и ценнейшие руды: уран, тантал и берилий./

Крупнейший в городе Кайсю металлургический завод стоит из-за отсутствия сбыта готовой продукции. Завод обеспечен запасами сырья – рудой и углам, созданными еще при японцах, но работать не может.

Зарплата работающих рабочих и служащих чрезвычайно низка. Приказом нашего командования она оставлена на прежнем уровне, т.е. существовавшем до прихода Красной Армии, но ввиду возрос-шей дороговизны она не обеспечивает прожиточного минимума.

Положение сельского населения, особенно арендаторской массы /составляющей до 70% всех крестьян/ в начале заметно улучшив-шееся в связи с сокращением арендной платы помещику на 40% и вздорожанием продуктов, сейчас начинает ухудшаться. Причина – хлебозаготовки, производимые по приказу нашего командования. Об'явленная нами хлебозаготовительная кампания не была тщательно продумана до конца. В результате планы хлебо – и мясопоставок были составлены неправильно, без учета реальных возможностей. В ряде уездов план поставок сильно завышен, равен почти валовому урожаю, а по отдельным культурам даже превышает его. Так, в уезде Хакусен /пров. Северный Пхеньян/ весь валовой урожаи риса составляет 142 тыс. сэк / 1 сэк = около 150 кг./, а заготовить там запланировано 133 тыс сэк. Пшеницы предложено заготовить в этом уезде 2.326 сэк, при урожае в 2.205 сэк, причем почти вся она вымерзла на корню. Между тем для годового пропитания 70-тысячного населения уезда требуется 80 тыс. сэк зерна и кроме того 3 тыс. сэк посевного фонда, всего 83 тыс. сэк. Остаток же после хлебозаготовок составит лишь 9 тыс сэк. Уезду угрожает голод.

В других уездах завышен план мясопоставок. В среднем он составляет 10 % всего поголовья скота, но местами он значительно выше и бьет по самому чувствительному для безтягловой корейской деревни: по рабочему скоту. Крестьян заставляют сдать последнего вола. / В корейской деревне подавляющая масса арендаторов рабочего скота не имеет и один вол приходится в среднем на 3 – 4 хозяйства/.

Подобное положение вызывает местами острое недовольство крестьян, которые заявляют: "японцы брали меньше".

Не в меньшей степени озлобляли крестьян и методы проведения хлебозаготовок. Представители армейского интендантства – заготовители вместе с комендантами уездов, часто через голову местных властей сами форсировали хлебосдачу каждым крестьянином методами голого администрирования, угрозами и репрессиями. В армейском интендантстве было об'явлено своеобразное соревнование: кто раньше из заготовителей закончит выполнение плана, тот получает отпуск в Советский Союз. Заготовители соответственно старалась вовсю.

В настоящее время это положение внешне как-будто бы изменилось. Хлебозаготовки отменены и об'явлен принудительный хлебозакуп через местные самоуправления. Однако, по существу ничего не изменилось. Попрежнему действуют планы поставок с каждого уезда, волости и села, с той лишь разницей, что наши заготовители сами теперь не спускаются в деревню: это делают за них местные власти – Народные комитеты. Последние в большинстве засорены саботажными помещичьими элементами и их подголосками и, об'ясняя свои действия крестьянам, они по-прежнему валят всю вину на Красную Армию. Не трудно видеть, какую пищу дает это враждебной нам пропаганде националистов и американцев.

Положение с хлебозаготовками становится нетерпимым и требует вмешательства командования Округа, так как чревато серьезными политическими последствиями.

Представители провинциальных народных комитетов / в Кайсю, в Сингисю / предлагают ограничить хлебозаготовки только для нужд Красной Армии, что составляет около 30% всего плана. Хлебоза-купки для снабжения городов предоставить самим Народным комитетам, без вмешательства Советского командования. Эти предложения нам представляются наиболее правильными и приемлемыми.

Угрожающим для деревни может оказаться отсутствие сельскохозяйственных удобрений к весне 1946 года. Это может резко снизить урожаи риса будущего года. Крупнейший завод сельхозудобрений имеется, в городе Канко, но он до сих пор бездействует. Усилиями группы генерал-майора Романенко завод обещают пустить в ближайшее время, однако не на должную мощность: с выпуском 20 тыс. тонн в месяц вместо несколько сот тысяч тонн. Это – капля в море.

В исключительно бедственном положении находится японское гражданское население. Оно согнано в определенные районы в городах, где царят жуткая скученность, антисанитария, холод, а главное – голод. Работы нет. Крупные специалисты – профессоры, инженеры, рады любой черной поденной работе за горсть риса. В Хэйдзио из японских бараков ежедневно вывозятся десятки трупов. Трупы не успевают убирать, и они продолжают оставаться в тех же помещениях. Холод и голод дополняются издевательствами над японцами со стороны корейского населения. Японцы боятся показываться на улице, на рынке, где у них корейцы безнаказанно отбирают последнее тряпье, продаваемое для пропитания. Командарм отверг предложение генерал-майора Романенко и политического советника Баласанова отпустить для японского населения 30 тыс. тонн порченого трофейного риса, мотивируя это тем, что "рис уже учтен интендантством". Между тем этот рис поедается червем и в нормальных условиях в пищу почти не пригоден.

Отношение к японскому населению со стороны высшего армейского командования выражается часто высказываемой несложной формулой: "Пусть мрут".

По словам советского генерального консула в Сеуле товарища Полянского, американцы на Юге усиленно эвакуируют японское население на родину, предоставляя им транспортные средства. В Южной Корее японцев остается уже немного. Американцы перекладывают таким образом на само японское правительство заботу о своих подданных. В нашей же зоне оккупации местное японское население в особенности многочисленные японские беженцы из Маньчжурии обречены на вымирание в течение этой же зимы, если на будут срочно приняты соответствующие меры.

IV. ПОЛИТИЧЕСКОЕ ПОЛОЖЕНИЕ.

Сталкиваясь в ходе нашей работы с представителями различных слоев населения, общественных организаций и местных органов власти, мы имели возможность близко познакомиться с их политическими настроениями. Наиболее оптимистически настроена городская буржуазия, особенно торговая. Безудержный рост цен, спекуляция служат для этого достаточным основанием. Озабочена она главным образом одним: когда будет ликвидирована 38 параллель, чтобы на Север мог хлынуть поток товаров с Юга. Пока что эти товары проникают оттуда контрабандным путем, причем в довольно большом размере. Так, например, даже в северных районах / Сев. Пхэньян / продаются американские сигареты, трикотаж. Кстати, туда же проникают в большом количестве и сеульские газеты – корейские и американские и открыто продаются на улицах, как, впрочем, и в других городах, в частности в Хэйдзио.

Промышленники, также, как и торговцы, наименее ущемленные новыми преобразованиями, жаждут приложения своего капитала в производство. Однако, это часто наталкивается на труднопреодо-лимые препятствия – отсутствие сырья на месте и главное транспорта, а для тяжелой и горной промышленности еще и сбыта. Транспорт – железнодорожный и автомобильный является самым узким местом. На железной дороге полная разруха. Поездная прислуга разбегается с полустанков из-за отсутствия угля и питания. Автотранспорт, почему то почти весь оказался "трофейным", в том числе и принадлежавший корейским предпринимателям. Часто у корейского заводчика не на чем вывезти готовую продукцию и завезти сырье и топливо. Единственная грузовая автомашина, не говоря уже о легковой, была из'ята какой-то воинской частью, либо комендатурой в качестве "трофейной".

Многим предпринимателям в налаживании производства мешает как указывалось выше, произвол отдельных военнослужащих, забирающих у них под угрозой оружия изготовленную продукцию.

Для того, чтобы пустить в ход какой-либо водочный завод или

табачную фабрику, или какое-либо другое предприятие, требуется самая разнообразная опека и помощь со стороны Советского командования, начиная от транспорта и кончая... автоматчиками для охраны его предприятия от мародерствующих военнослужащих.

Помещики – наиболее уязвленная новым режимом часть населения. Они уже понесли "убыток", получив 30 % вместо 50% урожая в качестве арендной платы. Кроме того, они озабочены судьбой своей земельной собственности. Об аграрной реформе в Корее не говорят и не пишут, так как никто, в том числе и компартия, к ней серьезно не готовятся. Но помещики чувствуют, что что-то должно произойти. Многие из них спешат продать свою землю, но ее никто не покупает. Цена на землю сильно упала.

Помещики – наиболее реакционная часть корейского населения. Националистическое движение опирается главным образом на них. И они попрежнему держат в страхе зависимых от них безземельных арендаторов. Корейские крестьяне, как и всюду на востоке – сама нищая, забитая и затемненная часть населения. Они боятся вступать открыто в разговоры о земле. Коммунисты в деревнях не бывают. Никакого общественного движения среди крестьян нет, если не считать созданных кое где коммунистами в уездных и волостных центрах "Крестьянских союзов" / или "комитетов"/. Эти союзы пока еще малочисленны и влиянием в широких арендаторских массах не пользуются. Их считают "коммунистическими" и это отпугивает от них крестьян. Непосредственно до деревни новое веяние еще не дошло за исключением скидки арендной платы. Кстати, последнее обстоятельство заметно сократило товарность сельского хозяйства, так как крестьяне впервые стали есть сытнее и, главное, рис, которого они при японцах не ели.

Полунищий, безземельный арендатор считает святотатством посягнуть как либо на земельную собственность помещика, своего "благодетеля". Он не допускает и мысли "обидеть" в чем либо помещика. "Он нам ничего плохого не сделал" – заявляют крестьяне. В лучшем случае им представляется справедливым, чтобы "не обидеть" помещика купить у него землю, уплатив полным рублем, "хорошо бы подешевле", но ни в коем случае на получить землю безплатно. "Тогда я не буду ее считать своей, я не буду хозяином" – говорят арендаторы. Но каким путем купить, где взять денег? -на этот вопрос никто из них ответить не в состоянии.

Надо заметить, что крестьянская психология "не обидеть помещика" проникла даже в среду корейских коммунистов, у которых, кстати, вообще никакого цельного представления о земельной реформе нет. В беседах с нами т.т. Ким Ир Сен, О Ги Сеп, Ким Ен Бом в другие ничего другого кроме полицейского способа решения аграрной проблемы не предлагают. Они считают, что достаточно об'явить побольше помещиков и крестьян-собственников "врагами народа" и перераспределив их земли среди бедноты, совершить тем самым "аграрную реформу". В деревню коммунисты еще только собираются пойти, чтобы поднять там, по их словам, "мощное крестьянское движение за землю".

При нынешнем положении корейской компартии этот план по меньшей мере проблематичен. В корейской компартии еще нет порядка в собственном доме. Организационно – это еще очень рыхлая и разношерстая масса, засоренная чуждым элементом, требующая серьезной чистки. В ней почти нет рабочих и совсем нет крестьян. Попрежнему происходит ожесточенная внутрипартийная борьба. В Сеуле против Пак Хэнэна возникла еще какая-то новая "рабочая" оппозиция, обвиняющая его в том, что он "продался американцам". В Хэйдзио только теперь были вынуждены обнародовать принадлежность Ким Ирсена к компартии, чем причинили немалый вред общему демократическому движению.

Лидеры демократической партии во главе с Чо Мансиком заявляют, что если бы они раньше знали, что Ким Ирсен возглавит компартию, то они не создали бы демократической партии под его идейным руководством. Неумное и ничем неоправданное сокрытие с самого начала от корейской общественности коммунистической принадлежности Ким Ирсена, хотя она и без того была прекрасно осведомлена об этом из Сеула, было грубой политической ошибкой, нанесшей определенный вред.

Главное, в тем нуждаются в настоящий момент корейские коммунисты – это в идейной закалке. Для этого нужны марксистские педагогические кадры и литература, в частности, "Краткий курс истории ВКП/б/". Всем этим необходимо как можно быстрее помочь корейской компартии. Местные самоуправления, так называемые "Народные комитеты" представляют собой пародию на органы власти. Во всех без исключения Народных комитетах наблюдается одна и та же картина. Все чиновники во главе с председателем комитета сидят вокруг чугунной печки, курят и оживленно беседуют. Так продолжается весь рабочий день с перерывом на обед. В положенное время в 4 часа, в комитете не остается ни души. В десятках посещенных нами Народных комитетах во всех трех провинциях мы не встретили ни одного деятельного и занятого какой либо работой за столом чиновника. По нашим наблюдениям – это демонстративное безделье имеет под собой политическую подоплеку. Как правило, почти во всех Народных комитетах, которые никто не избирал, преобладают буржуазно-помещичьи элементы. Подлинных представителей народа в них почти совершенно нет или очень мало. На жалея брать на себя ответственности за все происходящее сегодня при наличии Красной Армии в стране, эти комитетчики попросту отсиживаются, выжидая других времен. Возможно также, что этот повсеместный своеобразный саботаж руководится и направляется из одного определенного центра – из столицы.

XXX

Наше управление по делам гражданской администрации, так называемая "группа генерал-майора Романенко", справляется со своей ответственной задачей с огромным трудом, преодолевая большое количество всякого рода препятствий. Одна из основных трудностей состоит в том, что штат работников этой группы крайне мал. Кроме того, до последнего времени не было, да и сейчас еще не хватает переводчиков. Между тем речь идет по существу об управлении целой страной с 10-миллионным населением, т.е. в три разе большей, чем Финляндия и почти равной Венгрии. Многогранная государственная, политическая и экономическая деятельность этой группы требует несомненно гораздо большего штата работников, включающих крупных специалистов всех отраслей государственного строительства и народного хозяйства. Достаточно сказать, что в группе, например, нет ни одного специалиста-аграрника, в то время как Корея по преимуществу аграрная страна. Нет также многих других экспертов. В результате происходят такие например казусы. Работники группы обследуя провинцию произвольно дифференцируют крестьян на "кулаков, середняков и бедняков", т.е. механически переносят советские понятия на безземельную арендаторскую массу корейской деревни, пользуясь при этом самыми нелепыми критериями. Или другой случай. Нач. штаба группы подготовил технически неграмотный приказ комендантам о проведении ими всеобщей земельной переписи, наивно полагая, что земельную перепись можно произвести одним лишь административным распоряжением.

В политической области работа группы дублируется работой Политотдела армии. Так, всеми политическими партиями и общественными организациями занимается одновременно и группа и ПОАРМ /7 отделение/. Получается ненужное двоецентрие, осложняющее руководство. Кроме того оно ведет к излишним ошибкам. Так, цензор 7 отделения ПОАРМ"а майор Кондратюк, не осведомленный о положении на Юге, пропустил в местной корейской газете сообщение о прибытии Ким Гу в Сеул. Этого не случилось бы если бы, целиком вся политработа – в том числе и печать и цензура направлялась из одного центре – или ПОАРМ"а или Группы. В последнем случае 7 отделение ПОАРМ"а следовало бы придать группе, так как и группа / полковник Игнатьев/ и 7 отделение занимаются по существу одной и той же работой. Что касается печати, то директива тов. Булганина о свободе местной печати выполняется только формально. В этом вопросе допускается излишняя осторожность. Формально всякие издания разрешены, а по существу они выходить не могут из-за цензурных затруднений. Введена очень сложная и громоздкая предварительная цензура на все издания в то время, как можно было бы допустить последующую цензуру на некоторые газетные издания. Это шире развязало бы местную издательскую инициативу. Штрафы и другие цензурные репрессии вполне предотвратили бы нежелательную пропаганду. В конце концов, риск был бы небольшой: Корея не советская страна, а буржуазно-демократическая; и сегодня в любом северной провинции значительно легче приобрести сеульскую газету, чем дождаться выхода местной.

Дело с изданием печати, особенно в провинциях, осложняется еще и отсутствием полиграфической базы у корейцев. Большинство имевшихся типографий об"явлено нашими трофеями.

Главная трудность в работе группы генерал-майора Романенко

состоит, по нашему мнению, в отсутствии должного контакта с командованием армии. Облеченная высокими полномочиями по управлению страной группа по существу не обладает никакими реальными правами и находится в полной зависимости от командарма. Последний же в вопросах управления государством не всегда отличается политической прозорливостью. Кардинальное разрешение данного вопроса с целью упорядочивания управления Северной Кореей требует немедленного отделения гражданской администрации от командования армии, с подчинением первой непосредственно Военному Совету Округа.

ПОДПОЛКОВНИК (подпись) ФЕДОРОВ

МАЙОР (подпись) ЛИВШИЦ

29 декабря 1945 г.

Отпеч. 1 экз. адресату

63.2.9.XII.45.вр

조선 정책에 관한 스탈린의 명령(러시아어 원문)

Директива ставки Верховного главнокомандующего Красной Армии Главнокомандующему советскими войсками на Дальнем Востоке, военным советам Приморского военного округа и 25-й армии о взаимоотношениях войск с местными органами власти и населением Северной Кореи

20 сентября 1945 г.

В связи с занятием войсками Красной Армии Северной Кореи, ставка Верховного главнокомандующего приказывает руководствоваться следующим:

1. На территории Северной Кореи советов и других органов советской власти не создавать и советских порядков не вводить.

2. Содействовать установлению в Северной Корее буржуазно-демократической власти на базе широкого блока всех антияпонских демократических партий и организаций.

3. Не препятствовать образованию в занятых Красной Армией районах Кореи антияпонских демократических организаций и партий и помогать им в их работе.

4. Разъяснить местному населению:

а) что Красная Армия вступила в Северную Корею с целью разгрома японских захватчиков и не преследует целей введения советских порядков в Корее и приобретения корейской территории;

б) что частная и общественная собственность граждан Северной Кореи находится под защитой советских военных властей,

5. Призвать местное население продолжать свой мирный труд,

обеспечить нормальную работу промышленных, торговых, коммунальных и других предприятий, выполнять требования и распоряжения советских военных властей и оказывать им содействие в поддержании общественного порядка.

6. Войскам, находящимся в Северной Корее, дать указания строго соблюдать дисциплину, население не обижать и вести себя корректно.

Исполнению религиозных обрядов и церемоний не препятствовать, храмов и других религиозных учреждений не трогать.

7. Руководство делами гражданской администрации осуществляет Военный совет ПримВО.

И. Сталин

Антонов

참고문헌

❏ **러시아 기록원에 있는 제1차 자료**

"Б. Сапожников – Г. Димитрову(보리스 사포지니코프가 게오르기 디미트로프에게)."
5 ноября 1945(1945년 11월 5일). РГАСПИ(러시아 국립 사회정치사문서관).
Ф. 17, оп. 128, д. 47(문서군 17, 목록 128, 문서철 47), pp.19~21.

Глазычев(글라지체프), Белов(벨로프), Жилин(질린). "Начальнику штаба
разведотдела(정찰부 참모장께)." 3 августа 1942 года(1942년 8월 3일),
ЦАМО РФ(러시아연방 국방부중앙문서보관소). Ф. 2, оп. 17582, д. 1(문서군
2, 목록 17582, 문서철 1), pp.1~2.

"Директива Ставки ВГК № 11128 Главнокомандующему Советскими войсками
на Дальнем Востоке на преобразование фронтов в военные округа
(전선들을 군구로 재편성하는 것에 관하여 최고사령부가 극동 지역의 소비에트
군대 총사령관에게 하달한 명령 제11128호)." ЦАМО РФ(러시아연방
국방부중앙문서보관소), Ф. 148a, оп. 3763, д. 213(문서군 148a, 목록 3763,
문서철 213), pp.171~174.

"Доклад об итогах работы Управления Советской Гражданской Админист-
рации в Северной Корее за три года(август 1945 г. – ноябрь 1948 г.)
[3년간(1945년 8월부터 1948년 11월까지). 주 북조선 소련 민간관리부의 사업
결과에 관한 보고]." АВП РФ(러시아연방 대외정책문서보관소). Ф. 0480, оп.
4(문서군 0480, 목록 4), pp.8~9.

"Донесение о политическом состоянии населения Северной Кореи(북조선
주민의 정치 상태에 관한 보고)." 19 сентября 1945 года(1945년 9월 19일).
ЦАМО РФ(러시아연방 국방부중앙문서보관소). Ф. 234, оп. 3225, д. 47
(문서군 234, 목록 3225, 문서철 47), p.3.

"Журнал боевых действий 25 армии с 9 по 19 августа 1945 г.(제25군 전투일지,
1945년 8월 9일부터 8월 19일까지)." ЦАМО РФ(러시아연방 국방부중앙
문서보관소), Ф. 379, оп. 11019, д. 8(문서군 379, 목록 11019, 문서철 8).

"Запись беседы с советником Посольства КНДР в Москве Ян Ен Суном 4 февраля 1954 года(조선민주주의인민공화국 참사관 양영순과 한 대화).” Из дневника Петухова В. И.(발렌틴 페투호프 일기 기록). 6 февраля 1954 г.(1954년 2월 6일).

Игнатьев(알렉산드르 이그나티예프). “Докладная записка(보고 요지).” ЦАМО РФ(러시아연방 국방부중앙문서보관소). Ф. УСГАСК, оп. 433847, д. 1(주 북조선 소련 민간관리부 문서군, 목록 433847, 문서철 1), pp.103~106.

“Из легенды к карте размещения военных комендатур на территории Северо-Восточного Китая и Северной Кореи(중국의 동북 지역과 북조선에 위치한 경무사령부 지도 명(銘)의 발췌).” ЦАМО РФ(러시아연방 국방부 중앙문서보관소). Ф. 2, оп. 12378, д. 1(문서군 2, 목록 12378, 문서철 1), p.47.

“Информбюллетень(спецвыпуск) К политическому положению в Северной Корее(북조선 정치 상황에 관한 특별 공지).” 22 сентября 1945(1945년 9월 22일). ЦАМО РФ(러시아연방 국방부중앙문서보관소). Ф. УСГАСК, оп. 433847, д. 1(주 북조선 소련 민간관리부 문서군, 목록 433847, 문서철 1), pp.45~52.

Калашников(콘스탄틴 칼라시니코프). “О положении коммунистической партии в Корее(조선공산당의 현재 상태에 대하여).” ЦАМО РФ(러시아연방 국방부 중앙문서보관소). Ф. 32, оп. 11306, д. 682(문서군 32, 목록 11306, 문서철 682).

Краскевич(블라디미르 크라스케비치). “Товарищу Шикину(시킨 동지께).” Политико·экономическое положение в зоне размещения советских войск в Корее(조선에 있는 소련 점령지의 정치적·경제적 상태). 22 сентября 1945 года(1945년 9월 22일). ЦАМО РФ(러시아연방 국방부중앙문서보관소). Ф. 32, оп. 11306, д. 692(문서군 32, 목록 11306, 문서철 692).

“Краткие данные о Корейской национал-социалистической партии(조선 민족사회당에 대한 개관).” Документы, характеризующие политические партии и общественные организации Северной Кореи за 1945 г.(1945년 당시 북조선 정당과 사회단체들을 묘사하는 문서). ЦАМО РФ(러시아연방 국방부중앙문서보관소). Ф. 172, оп. 614630, д. 5(문서군 172, 목록 614630, 문서철 5), pp.22~25.

Лившиц(유리 립시츠), “Информационная сводка. Фракционная борьба в корейской компартии(통보 개관: 조선공산당의 종파 투쟁)." 29 октября 1945 года(1945년 10월 29일). Документы, характеризующие политические партии и общественные организации Северной Кореи за 1945 г.(1945년 당시 북조선 정당과 사회단체들을 묘사하는 문서). ЦАМО РФ (러시아연방 국방부중앙문서보관소). Ф. 172, оп. 614630, д. 5(문서군 172, 목록 614630, 문서철 5).

Лившиц(유리 립시츠). "Информационная сводка о состоянии компартии в северных провинциях Кореи(조선 북방 도에서 공산당의 상태에 관한 통보 보고)." Документы, характеризующие политические партии и общественные организации Северной Кореи за 1945 г.(1945년 당시 북조선 정당과 사회단체들을 묘사하는 문서). 20 октября 1945(1945년 10월 20일). ЦАМО РФ(러시아연방 국방부중앙문서보관소). Ф. 172, оп. 614630, д. 5(문서군 172, 목록 614630, 문서철 5), pp.45~51.

Лившиц(유리 립시츠). "Конференция компартии пяти северных провинций Кореи(조선 북방 5도 공산당 회의)." Политическое управление ПримВО, VII отдел, информационная сводка(연해군구 정치부 제7국, 통보 보고). 5 ноября 1945 г.(1945년 11월 5일). Документы, характеризующие политические партии и общественные организации Северной Кореи за 1945 г.(1945년 당시 북조선 정당과 사회단체들을 묘사하는 문서). ЦАМО РФ(러시아연방 국방부중앙문서보관소). Ф. 172, оп. 614630, д. 5(문서군 172, 목록 614630, 문서철 5), pp.58~64.

"Наградной лист[상장(賞狀)]." Приказ войскам Двадцать пятой армии(제25군에 하달하는 명령). ЦАМО РФ(러시아연방 국방부중앙문서보관소). Ф. 33, оп. 686196, ед.хранения 7652(문서군 33, 목록 686196, 문서철 7652), p.194.

"Молодёжная организация 'Наша молодёжь(청년단체 '우리 청년회')'." Документы, характеризующие политические партии и общественные организации Северной Кореи за 1945 г.(1945년 당시 북조선 정당과 사회단체들을 묘사하는 문서). ЦАМО РФ(러시아연방 국방부중앙문서보관소). Ф. 172, оп. 614630, д. 5(문서군 172, 목록 614630, 문서철 5), pp.81~82.

О политическом положении в Корее(조선에서 정치적 상황에 대하여). ЦАМО РФ (러시아연방 국방부중앙문서보관소). Ф. 172, оп. 614631, д. 23(문서군 172,

목록 614631, 문서철 23), pp.21~26.

"Об отпуске Наркомвнешторгу трофейных маньчжурских юаней, корейских и японских иен и китайских долларов ЦРБ(대외무역인민위원회에 전리품인 만주 위안, 조선 엔, 일본 엔과 중화민국 중앙은행 위안을 지출하는 것에 대하여)." ГАРФ(러시아연방 국립문서보관소). Ф. р-5446, оп. 47А, д. 3094 (문서군 р-5446, 목록 47-a, 문서철 3094), p. 13.

"Организационное оформление компартии Кореи(조선공산당의 조직적 형성화)." Документы, характеризующие политические партии и общественные организации Северной Кореи за 1945 г.(1945년 당시 북조선 정당과 사회단체들을 묘사하는 문서). ЦАМО РФ(러시아연방 국방부중앙문서보관소). Ф. 172, оп. 614630, д. 5(문서군 172, 목록 614630, 문서철 5), pp.45~51.

Печать и радио(출판물과 라디오). ЦАМО РФ(러시아연방 국방부중앙문서보관소). Ф. УСГАСК, оп. 433847, д. 1(주 북조선 소련 민간관리부 문서군, 목록 433847, 문서철 1), pp.64~70.

"Письмо Начальника разведотдела штаба Главкома Советских вооруженных сил на Дальнем Востоке Чувырина Начальнику разведотдела штаба 2 ДВФ генерал-майору Сорокину от 2.9.1945г.(극동 지역의 소비에트 군대 총사령관 직속 참모부 정찰국 국장 주브린이 제2극동전선 참모부 정찰국 국장 소로킨 소장에게 1945년 9월 2일에 보낸 편지)." ЦАМО РФ(러시아연방 국방부중앙문서보관소). Ф. 2, оп. 17582, д. 2(문서군 2, 목록 17582, 문서철 2), p.23.

"Политическая обстановка в северных провинциях Кореи и устройство местных органов самоуправления[조선 북반부 도(道)의 정치 상황과 현지 자치기관 구조], ЦАМО РФ(러시아연방 국방부중앙문서보관소)." Ф. УСГАСК, оп. 433847, д. 1(주 북조선 소련 민간관리부 문서군, 목록 433847, 문서철 1), pp.42~45.

"Постановления Военного Совета 25 армии(제25군 군사위원회 결정)." ЦАМО РФ(러시아연방 국방부중앙문서보관소). Ф. 379, оп. 532092с, д. 1(문서군 379, 목록 532092-с, 문서철 1), pp.1~3.

"Приказ командующего Советской 25 армией в Северной Корее(북조선에서 소련

제25군 사령관의 명령서)." ЦАМО РФ(러시아연방 국방부중앙문서보관소).
Ф. УСГАСК, оп. 433847, д. 1(주 북조선 소련 민간관리부 문서군, 목록
433847, 문서철 1), pp.26~27.

"Промышленность Северной Кореи(북조선 공업)." ЦАМО РФ(러시아연방
국방부중앙문서보관소). Ф. УСГАСК, оп. 433847, д. 1(주 북조선 소련 민간
관리부 문서군, 목록 433847, 문서철 1), pp.120~126.

ПУ I-го Дальневосточного фронта(제1극동전선 정치부). "Краткий справочник
для военных комендантов(군 경무관들을 위한 간략한 참고서)." 1945
г.(1945년). ЦАМО РФ(러시아연방 국방부중앙문서보관소). Ф. 32, оп. 11318,
д. 196(문서군 32, 목록 11318, 문서철 196), pp.43~66.

ПУ I-го Дальневосточного фронта(제1극동전선 정치부). "ПРИКАЗ No.1.(명령서
제1호)." 1945 г.(1945년). ЦАМО РФ(러시아연방 국방부중앙문서보관소). Ф.
32, оп. 11318, д. 196(문서군 32, 목록 11318, 문서철 196), p.79.

"Разные материалы, поступившие из Гражданской администрации Северной
Кореи(주 북조선 민간관리부에서 받았던 여러 가지 문서)." Ф. 172, оп.
614631, д. 37(문서군 172, 목록 614631, 문서철 37), p.13.

"Решение Политбюро ЦК ВКП(б) об издании ≪Корейской газеты≫ для
населения Северной Кореи[북조선 주민들을 위한 ≪조선신문≫을 출판
하는 것에 대한 전 연방 공산당(볼셰비키) 중앙위원회 정치국의 결정]" Из
протокола No.46, пункт 325(제46 기록, 제325호). РГАСПИ(러시아 국립
사회정치사문서관). Ф. 17, оп. 3, д. 10531(문서군 17, 목록 3, 문서철 10531),
p.73.

Сапожников,Борис(보리스 사포지니코프). "Положение в Корее: Информационная
сводка(조선의 상태: 통보 보고)." 13 сентября 1945 года(1945년 9월 13일),
ЦАМО РФ(러시아연방 국방부중앙문서보관소). Ф. 32, оп. 11306, д.
692(문서군 32, 목록 11306, 문서철 692).

"Социал-демократическая партия(사회민주당)." Документы, характеризующие
политические партии и общественные организации Северной Кореи за
1945 г.(1945년 당시 북조선 정당과 사회단체들을 묘사하는 문서). ЦАМО
РФ(러시아연방 국방부중앙문서보관소). Ф. 172, оп. 614630, д. 5(문서군 172,
목록 614630, 문서철 5), pp.74~76.

"Список личного состава 1-го батальона 88 отд. стр. бригады 2-го Дальневосточного фронта, предназначенного для работы в Корее(조선에 파견될 제2극동전선 제88독립보병여단 제1대대 인원 목록)." 25.8.1945 (1945년 8월 25일). ЦАМО РФ(러시아 연방 국방부중앙문서보관소). Ф. 2, оп. 19121, д. 2(문서군 2, 목록 19121, 문서철 2), pp.14~15.

"Справка о враждебных партиях, существующих в настоящее время в Корее(현재 조선에 존재하는 적대 정당들에 대한 설명서)." Документы, характеризующие политические партии и общественные организации Северной Кореи за 1945 г.(1945년 당시 북조선 정당과 사회단체들을 묘사하는 문서). ЦАМО РФ(러시아연방 국방부중앙문서보관소). Ф. 172, оп. 614630, д. 5(문서군 172, 목록 614630, 문서철 5), pp.17~18.

Фёдоров(게오르기 표도로프), Лившиц(유리 립시츠). "Докладная записка(보고 요지)." ЦАМО РФ(러시아연방 국방부중앙문서보관소). Разные материалы, поступившие из Гражданской администрации Северной Кореи(주 북조선 민간관리부에서 받았던 여러 가지 문서). Ф. 172, оп. 614631, д. 37(문서군 172, 목록 614631, 문서철 37), pp.14~32.

"Характеристика на кандидатов во Временное демократическое правительство Кореи(조선임시민주정부 구성원 후보자 평정서)." РГАСПИ(러시아 국립 사회정치사문서관). Ф. 17, оп. 61(문서군 17, 목록 61), pp.12~14.

ЦАМО РФ(러시아연방 국방부중앙문서보관소). Ф. 148, оп. 3225, д. 28(문서군 148, 목록 3225, 문서철 28), pp.42~59.

Шикин, Иосиф(이오시프 시킨). "Приказ начальника Главного политического управления Рабоче-Крестьянской Красной армии(노동자·농민의 붉은 육군 총정치국장의 명령서)." ЦАМО РФ(러시아연방 국방부중앙문서보관소). Ф. 32, оп. 795496с, д. 13(문서군 32, 목록 795496-с, 문서철 13), p.376a.

국사편찬위원회. 문서수집번호 0103093.

□ 단행본, 논문

국사편찬위원회. 1982. 「資料(자료)1. 北部朝鮮黨(북부조선당) 工作(공작)의 錯誤(착오)와 缺點(결점)에 대하야」. 『北韓關係史料集(북한관계사료집) I』, 4~5쪽.

_____. 2004. 『쉬띄꼬프 일기, 1946~1948』. 전현수 옮김. 과천: 국사편찬위원회.

김광운. 2003. 『북한 정치사 연구 I』. 서울: 선인.

김국후. 2008. 『평양의 소련군정:기록과 증언으로 본 북한정권 탄생비화』. 파주: 한울.

김국후·박길용. 1994. 『김일성 외교비사: 사후에 밝혀진 金日成 외교전략』. 서울:중앙일보사.

김일성. 1979. 「모든 힘을 새 민주조선 건설을 위하여」. 『김일성 저작집 제1권』. 평양: 조선로동당 출판사, 346~353쪽.

_____. 1992. 「모든 힘을 새 민주조선 건설을 위하여」. 『김일성 전집 제2권』. 평양: 조선로동당 출판사, 137~143쪽.

모리타 요시오(森田芳夫). 1987. 『소련군의 북한 진주와 인민위원회의 결성』. ≪한국사회연구≫, 제5호, 365~401쪽.

민족통일연구원. 1993. 『金日成(김일성) 著作(저작) 解題(해제)』. 서울: 민족통일연구원.

박병엽. 2010. 『조선민주주의인민공화국의 탄생』. 유영구·정창현 엮음. 서울: 선인.

서동만. 2005. 『북조선사회주의 체제 성립사: 1945~1961』. 서울: 선인.

여정(呂政). 1991. 『붉게 물든 대동강』. 서울: 동아일보사.

와다 하루끼(和田春樹). 1992. 『김일성과 만주항일전쟁』. 이종석 옮김. 파주: 창비.

이연식. 2012. 『조선을 떠나며 』. 서울: 역사비판사.

이완범. 2001. 『38선 획정의 진실, 1944~1945』. 서울: 지식산업사.

전현수. 1995. 『소련군의 북한 진주와 대북한정책』. ≪한국독립운동사연구≫, 제9집 12호, 343~377쪽.

_____. 1996. 『1947년 12월 북한의 화폐개혁』. ≪역사와현실≫, 제19권 3호, 175~218쪽.

정성임. 2004. 「조선사회민주당과 조선천도교청우당」. 『조선로동당의 외곽단체』. 성남: 세종연구소.

정해구. 1994. 「북조선임시인민위원회 북조선인민위원회 연구」. ≪國史館論叢 1≫, 제54집 8호, 237~262쪽.

조선중앙통신사. 1949. 『朝鮮中央年鑑 1949』. 평양: 朝鮮中央通信社.

조선총독부. 2000. 『(1944年 5月) 人口調査結果報告』. 서울: 선인.

중앙일보특별취재반. 1992. 『비록: 조선민주주의인민공화국』. 서울: 중앙일보사.

코로트코프, 가브릴(Гавриил Коротков). 1992. 『스탈린과 김일성』. 어건주 옮김. 서울: 동아일보사.

森田芳夫. 1964.『朝鮮終戰の記錄: 米ソ兩軍の進駐と日本人の引揚』. 東京: 巖南堂書店.

森田芳夫・長田かな子. 1979~80.『朝鮮終戰の記錄: 資料篇』. 東京: 巖南堂書店.

周保中. 1991.『东北抗日游击日记』. 北京. 人民出版社.

和田春樹. 1981.「ソ連の朝鮮政策——一九四五年八月-十月」.《社会科学研究》, No.33 (4), pp.91~147.

_____. 1992.『金日成と満州抗日戰争』. 東京: 平凡社.

Edmonds, Robin. 1986. "Yalta and Potsdam: Forty Years Afterwards." *International Affairs,* Vol.62, No.2(Spring), pp.197~216.

Glantz, David M. 1983. "August Storm: The Soviet 1945 Strategic Offensive in Manchuria." *Leavenworth Papers,* No.7(February). Combat Studies Institute.

Jansen, Marius B. 2002. *The Making of Modern Japan.* London: The Belknap Press of Harvard University Press.

Lankov, Andrei. 2002. *From Stalin to Kim Il Song: The Formation of North Korea, 1945-1960.* London: C. Hurst & Co. Publishers.

Munro-Leighton, Judith. 1996. "The Tokyo Surrender: A Diplomatic Marathon in Washington, August 10~14, 1945." *Pacific Historical Review*, Vol.65, No.3, pp.455~473.

Seton-Watson, Hugh. 1952. *The East European Revolution.* London: Methuen Co., Ltd.

Suh, Dae-Sook. 1988. *Kim Il Sung: The North Korean Leader.* New York: Columbia University Press.

United States Army Forces in Korea, Office of the Assistant Chief of Staff, G-2. 1989. "Intelligence Summary: Northern Korea. 1 December 1945." *HQ USAFIK Intelligence Summary: Northern Korea,* Vol.1, Seoul: Hallim University, pp.1~8.

Ванин, Юрий(유리 바닌). 2005. *Советский Союз и Северная Корея. 1945~1948* (소련과 북조선 1945~1948). Москва(모스크바): ИВ РАН(러시아 과학원 동양연구소).

Вартанов, В. Н.(발레리 바르타노프), Почтарев, А. Н.(안드레이 포치타료프). 1997. "'Сталинский спецназ': 88-я отдельная стрелковая бригада('스탈린의

특수부대'인 88독립보병여단)." *Новый часовой*(노브이 차소보이), No.5, pp.178~179.

Во имя дружбы с народом Кореи(조선 인민과의 친선을 위하여). 1965. Москва (모스크바): Наука(학술 출판사).

Иванов, Василий(바실리 이바노프). 2009. *В тылах Квантунской армии*(관동군 후방에서). Москва(모스크바): Институт Дальнего Востока РАН(러시아 과학원 극동연구소).

Калашников, Константин(콘스탄틴 칼라시니코프). 1981. *Право вести за собой* (영도의 권리). Москва(모스크바): Воениздат(군사출판사). http://militera. lib.ru/memo/russian/kalashnikov_kf/07.html(검색일: 2017.10.10).

Ким, Сергей Петрович(세르게이 킴). 2015. "Репатриация японских военнопленных из СССР в 1946~1950 гг.(소련의 일본인 포로 송환, 1946~1950년)." *Военно-исторический журнал*(군사역사학보), No.3, pp.69~75.

Ли, Герон(이계룡). 2006. *Великое покаяние*(위대한 고해). Бишкек(비슈케크): Salam.

Лившиц, Юрий(유리 립시츠). 1940. *Японский пролетариат и война в Китае* (일본의 무산계급과 중국과의 전쟁). Москва(모스크바): Профиздат(전문출판사).

Лобода, Иван(이반 로보다). 1985. *Корейская мозаика*(한국 모자이크). Москва (모스크바): Наука(학술출판사), 1985.

Мерецков, Кирилл(키릴 메레츠코프). 2015. *На службе народу*(인민을 위하여 복무하면서). Москва(모스크바): Вече(웨체).

Павленко, Петр(표트르 파블렌코). 1937. *На Востоке: роман*(동녘에: 소설책). Москва(모스크바): Художественная литература(문학출판사).

Попов, И.М.(이골 포포프), Лавренов, С. Я.(세르게이 라브레노프), Богданов, В. Н.(발렌틴 보그다노프). 2005. *Корея в огне войны: к 55-летию начала войны в Корее 1950-1953 гг.*(전쟁의 불 속의 한반도: 1950~1953년의 한국 전쟁 발발 55주년). Москва(모스크바): Кучково Поле(쿠치코보 폴레).

Советско-японские войны, 1937~1945(소일전쟁들, 1937~1945). 2009. Москва (모스크바): Яуза(야우자).

Страны Тихого океана(태평양 나라들). 1942. Москва(모스크바): Советская энциклопедия(소련 대백과사전 출판사).

Черевко, Кирилл(키릴 체레브코). 2003. *Серп и молот против самурайского меча*(낫과 망치 대 사무라이의 일본도). Москва(모스크바): Вече(웨체). http://www.erlib.com/Кирилл_Черевко/Серп_и_молот_против_самурайского_ меча/(검색일: 2017.10.10).

Чжон Хюн Су(전현수). 1997. *Социально-экономические преобразования в Северной Корее в условиях Советской Военной Администрации. 1945~1948 гг.*(소련 군정하 북조선의 사회·경제적 변화, 1945~1948년). Москва(모스크바): МГУ им. Ломоносова(로모노소프 모스크바 국립대학교).

Чистяков, Иван(이반 치스탸코프). 1985. *Служим Отчизне*(조국을 위하여 복무하고 있습니다). Москва(모스크바): Воениздат(군사출판사). http://militera.lib.ru/memo/russian/chistyakov_im/19.html(검색일: 2017.10.10).

Шабшина, Фаня(파냐 샵시나). 1974. *Южная Корея 1945~1946 гг.*(1945~46년의 남조선). Москва(모스크바): Наука(학술출판사).

❑ 인터넷 자료

"새 조선의 어버이". 우리민족끼리. http://www.uriminzokkiri.com/index.php?ptype=great&who=1&categ1=1&categ2=10&index=1&pagenum=1&no=285 (검색일: 2017.10.10).

"허의순(許義淳)". 한국학중앙연구원. http://people.aks.ac.kr/front/tabCon/ppl/pplView.aks?pplId=PPL_7HIL_A1905_1_0026934(검색일: 2017.10.10).

국가기록원. "국민학교규정". http://www.archives.go.kr/next/search/listSubjectDescription.do?id=008038(검색일: 2017.10.10).

정진석. "[발굴] 식물학자 마키노(牧野富太郎)와 일제下 신문史". ≪월간조선≫. http://m.monthly.chosun.com/client/news/viw.asp?ctcd=&nNewsNumb=200605100014(검색일: 2017.10.10).

"ポツダム宣言受諾に関し瑞西、瑞典を介し連合国側に申し入れ関係』". http://www.ndl.go.jp/constitution/shiryo/01/010/010tx.html(검색일: 2017.10.10).

刘义权. "寻访抗战老兵之刘义权: 每周要接送金正日上幼儿园". http://www.china.com.cn/chinese/zhuanti/kzsl/913925.htm(검색일: 2017.10.10).

"88 китайско-корейско-нанайская стрелковая бригада КА(붉은 군대의 중국인-

조선인-나나이족 88보병여단)." http://wap.imf.forum24.ru/?1-5-20-00000019
-000-0-0(검색일: 2017.10.10).

Barry, Mark. Feb.12, 2012. "The U.S. and the 1945 Division of Korea." *NK News*.
https://www.nknews.org/2012/02/the-u-s-and-the-1945-division-of-korea/
(검색일: 2017.10.10).

"В тени вождей(수령들의 그림자 안에서)." http://www.litrossia.ru/archive/item
/5956-oldarchive

"ЕМЕЛЬЯН ПУГАЧЕВ(예멜리얀 푸가초프)(до 21.04.1943 г. "Louis Agassiz")"
(1943년 4월 21일까지 Louis Agassiz호). http://sovnavy-ww2.w.pw/transports/
typ_liberty.htm#pugachev(검색일: 2017.10.10).

"Заявление советского правительства правительству Японии от 8 августа 1945
г.(소련 정부가 일본 정부에 대하여 1945년 8월 8일에 발표한 선언)." http://
doc20vek.ru/node/1336(검색일: 2017.10.10).

"Советская военная эмиссия в Корее(조선에서의 소련 군표)." http://www.fox-
notes.ru/img/korea_ussr.htm(검색일: 2017.10.10).

"Тен Сан Дин: 'Я выполнил завещание своего отца'(정상진: '나는 아버지의
유훈을 수행했다')." http://www.arirang.ru/news/2012/12050.htm(검색일: 2017.
10.10).

Ланьков, Андрей(안드레이 란코프). "Интернет знает все(인터넷은 역시 모르는
것이 없다)." http://tttkkk.livejournal.com/280238.html(검색일: 2017.10.10).

Лившиц, Юрий Давыдович(유리 립시츠). "Бессмертный полк(불멸하는 연대)."
http://polkszao.ru/kniga-pamyati/bessmertnyiy-polk/835/livshits_yuriy-
davyidovich(검색일: 2017.10.10).

Почтарев, Андрей(안드레이 포치타료프). "Тайный советник "солнца нации"
('민족의 태양'의 비밀 고문관)." *Независимое военное обозрение*(독립 군사
잡지), 14 января 2005 г.(2005년 1월 14일). http://nvo.ng.ru/history/2005-01-
14/5_kim_ir_sen.html(검색일: 2017.10.10).

Федоров, Георгий Александрович(게오르기 표도로프). "Бессмертный полк
(불멸하는 연대)." http://polkszao.ru/kniga-pamyati/bessmertnyiy-polk/815/
fedorov _georgiy-aleksandrovich(검색일: 2017.10.10).

Энциклопедия Забайкалья(자바이칼 백과사전). "Генеральное консульство

Маньчжоу-Го(만주국 총영사관)." http://encycl.chita.ru/encycl/concepts/
?id=8649(검색일: 2017.10.10).

□ 기타

8·15 해방일주년기념중앙준비위원회. 1946. 『8·15 해방일주년기념. 북조선민주주의
　　건설사진첩』.
KBS. <KBS 특집 다큐멘터리: 조선총독부 최후의 25일>(2014.8.15 방송).
안드레이 란코프의 인터뷰들.
함석헌. 1971. 「내가 겪은 新義州學生事件(신의주학생사건)」. ≪씨알의 소리≫, 6호.
　　서울: 씨알의 소리사.
"朝鮮共産黨 北部朝鮮分局 設置". 1945.11.1. ≪正路(정로)≫, 1면.
"朝鮮半島北半部を占領直後スターリンの指令". 1993.2.26. ≪每日新聞≫, 2면.
"Раз'яснение Генерального штаба Красной Армии о капитуляции Японии(붉은
　　군대 총참모부의 일본의 항복에 대한 설명서)." 1945.8.16. *Правда*(프라우다), p.1.
"Советский капитан по фамилии Ким Ир Сен(김일성이라는 소련군 대위)." 1995.
　　НКВД(내무인민위원회).
Журин Анатолий(아나톨리 주린). 2011. "Сделан в СССР[소련제(蘇聯製)]."
　　Совершенно секретно(소베르셴노 세크레트노), No.9.
Смирнов, Андрей(안드레이 스미르노프). 1992. "Как Советская Армия внедрила
　　в Северную Корею президента Ким Ир Сена и его правительство
　　(소련 군대가 어떻게 북조선에 김일성 주석과 그의 정부를 도입시켰는가)."
　　Совершенно секретно(소베르셴노 세크레트노), No.8, pp.10~11.
Туманов, Георгий(게오르기 투마노프). 1993. "Как изготовляли великого вождя
　　(위대한 수령을 만든 과정)." *Новое время*(노보에 브레먀), No.16, pp.32~34.

찾아보기

지은이

표도르 쩨르치즈스키 (이휘성)

Фёдор Константинович Тертицкий

페레스트로이카 시대의 모스크바에서 1988년에 출생했다. 중국 역사학자인 아버지의 영향을 받아 어렸을 때부터 역사, 특히 현대사에 대한 관심이 많았다. 중학생 시절 북한에 대한 책을 읽고, 한민족이지만 너무나 다른 길로 간 남북한에 큰 관심을 갖게 되었다. 고등학생 때 앞으로 북한 연구자가 되겠다고 결심했다. 대학교에서는 한국학을 전공했고, 2011년에 서울시로 이주했다.

석사과정은 서울 삼청동에 있는 북한대학원대학교에서, 박사과정은 서울대학교에서 마쳤다. 석사 논문은 북한 화교, 박사 논문은 북한 군대의 사회사에 대해 썼다. 2017년에 박사 학위를 받아 북한 전문 매체인 NK뉴스에 근무하게 되었다. 북한학의 핵심 언어가 한국어이기에 첫 번째 단행본을 한글로 썼고 독자들에게 소개한다.

앞으로 대한민국에 계속 살며 학술 활동을 하고 한국과 북한 주민의 더 좋은 미래를 위해 노력할 꿈을 갖고 있다.

E-mail: leehwisong@gmail.com

한울아카데미 2113

김일성 이전의 북한

1945년 8월 9일 소련군 참전부터 10월 14일 평양 연설까지

ⓒ 표도르 째르치즈스키(이휘성), 2018.

지은이 **표도르 째르치즈스키(이휘성)**
펴낸이 **김종수**
펴낸곳 **한울엠플러스(주)**
편집 **전성준** ㅣ 편집책임 **조수임**
초판 1쇄 인쇄 **2018년 10월 15일**
초판 1쇄 발행 **2018년 10월 30일**

주소 **10881 경기도 파주시 광인사길 153 한울시소빌딩 3층**
전화 **031-955-0655**
팩스 **031-955-0656**
홈페이지 **www.hanulmplus.kr**
등록번호 **제406-2015-000143호**

Printed in Korea.
ISBN   978-89-460-7113-1 93900 (양장)
           978-89-460-6554-3 93900 (반양장)

* 책값은 겉표지에 표시되어 있습니다.